WHEN HISTORY MEOWS

如果歷史是一群喵 7

隋唐風雲篇

肥志 編繪

國家圖書館出版品預行編目 (CIP) 資料

如果歷史是一群喵 . 7, 隋唐風雲篇 (萌貓漫畫學歷史) / 肥志編 . 繪 . -- 初版 . -- 新北市 : 野人文化股份有限公司出版 : 遠足文化事業股份有限公司發行 , 2021.01
面； 公分
ISBN 978-986-384-474-7(平裝)

1. 中國史 2. 通俗史話 3. 漫畫

610.9　　109021510

Graphic Times 21

如果歷史是一群喵 隋唐風雲篇 7

繪　者　肥志
編　者　肥志

社　長　張瑩瑩
總編輯　蔡麗真
責任編輯　徐子涵
校　對　魏秋綢
行銷企畫　林麗紅
封面設計　林遠志　周家瑤
內頁排版　林遠志　許庭瑄　洪素貞

出　版　野人文化股份有限公司
發　行　遠足文化事業股份有限公司 (讀書共和國出版集團)
地址：231 新北市新店區民權路 108-2 號 9 樓
電話：（02）2218-1417　傳真：（02）8667-1065
電子信箱：service@bookrep.com.tw
網址：www.bookrep.com.tw
郵撥帳號：19504465 遠足文化事業股份有限公司
客服專線：0800-221-029
法律顧問　華洋法律事務所　蘇文生律師
印　製　成陽印刷股份有限公司
初版首刷　2021年1月
初版11刷　2023年9月

如果歷史是一群喵 (7)
線上讀者回函專用 QR CODE，您的寶貴意見，將是我們進步的最大動力。

野人文化官方網頁

序

本書開始前，想先說一些感謝的話。

《如果歷史是一群喵》創作至今，已經到了第三個年頭。三年來，我們收到了很多讀者朋友的留言和鼓勵，甚至有小朋友寫信說想加入我們，讓我們非常感動。

這樣的溫暖，在2020年顯得尤為珍貴。

因為新冠肺炎疫情的影響，這一年，很多人的生活發生了改變。很長一段時間，人們被迫「宅」在家裡，盯著新聞：武漢封城、湖北限行……然後全國抗疫，在這場浩大的全國動員中，我們看到了人民的團結和前線人員的奮鬥。火神山、雷神山、方艙醫院……大家每天都關注著各地的抗疫情況，緊張、激動，百感交集。

《如果歷史是一群喵》的「隋唐風雲篇」，正是在這樣的氛圍中開始創作的。微信、電話連接起小夥伴們日常的溝通；大家各自買菜做飯，吃完就繼續趕稿……在最困難的時候，大家也互相打氣，高喊：「只要世界不毀滅，誰都阻止不了我們交稿。」

隋和唐是中國歷史上兩個有名的大一統朝代。隋終結了魏晉南北朝300多年的亂世，可剛滿38年，就因為暴政領了「便當」。唐則像是冉冉升起的太陽，力挽狂瀾之餘，舉一反三吸收隋的優點，用100多年發展成了照耀世界的東方傳奇。

圍繞這段歷史，本書將會向大家呈現12個有趣的故事：像是「暴君」隋煬帝是怎麼「好心辦壞事」；唐太宗如何統一全國登上帝位，提倡「水能載舟」的治國思想；一代女帝武則天上位後，唐其實已經短暫「亡國」，姓「武」不姓「李」……

本書參考的史料是《隋書》、《舊唐書》、《新唐書》、《資治通鑑》、《大唐創業起居注》等文獻著作。而唐朝剩下的故事，受篇幅所限，將會在第八卷繼續跟大家分享。

衷心希望本書能繼續為讀者朋友帶來知識和快樂。在這個時刻，我們也想把「樂觀與勇敢」的願望傳遞給大家。

一起加油！

我們下回見。

目錄

正文讀取順序從左往右，
對白、注釋以及編者按讀取順序從右往左。

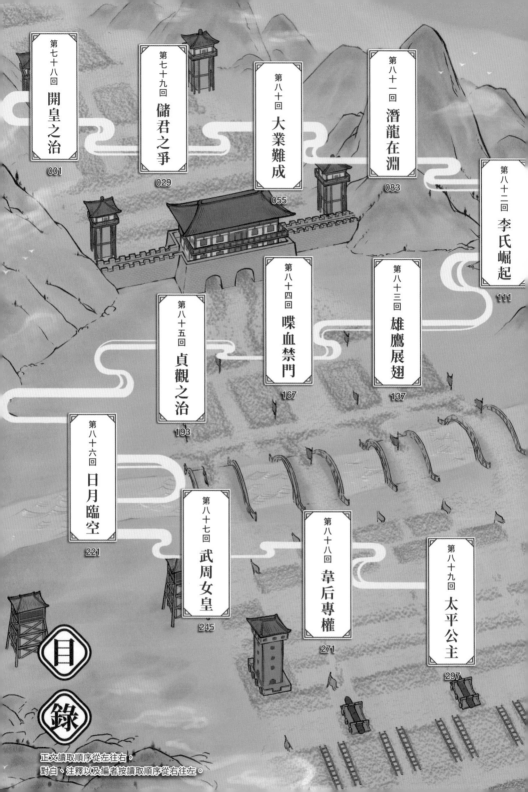

第七十八回 ◉ 開皇之治

隋的建立，
結束了南北朝的**分裂局面**。

白壽彝《中國通史》：
「隋文帝統一全國，結束了西晉滅亡以來二百七十多年南北分裂的局面。」

但**三百年**的紛爭，
使天下歷經**戰火**的蹂躪。

軍事科學院《中國軍事通史》：
「自西晉末年以來，我國出現了豪強割據、南北分裂的局面，長達近三百年之久。」

政治混亂，民生凋敝……

《通典．卷七》：「隋受周禪……其時承西魏喪亂，周齊分據，暴君慢吏，賦重役勤，人不堪命，多依豪室，禁網隳紊，奸偽尤滋。」

作為一個**新生的政權，**
隋，將**如何**面對困難呢？

這個重任落到了它的**開創者**肩上。

范文瀾《中國通史》：「五八一年，隋文帝滅周，建立隋朝。」

他，就是在亂世裡存活下來的**楊堅喵**。

韓昇《隋文帝傳》：
「隋朝建立，萬象更新，展望未來，楊堅雄心勃發，立志要超越以往任何一代帝王。」

作為隋的**「初代目」**，
楊堅喵非常**刻苦**。

《資治通鑑・卷一九三》：
「文帝勤於為治，每臨朝，或至日昃……亦勵精之主也。」

每天早上開始**開會**，

崔瑞德《劍橋中國隋唐史》：
「（楊堅）酷愛工作……主持早朝，與大臣們討論國內外政策。」

晚上回去還要接著**看文件**。

《隋書·卷六十二》：
「陛下（楊堅）留心治道，無憚疲勞……夜分未寢，動以文簿，憂勞聖躬。」

《隋書·卷二》：
「（楊堅）性嚴重，有威容，外質木而內明敏，有大略……嘗遇關中饑，遣左右視百姓所食。有得豆屑雜糠而奏之者，上流涕以示群臣，深自咎責，為之撤膳，不御酒肉者殆將一期。」

發生饑荒了，要**與民同苦**，

連上朝坐的「小破車」都**修了又修**……

韓昇《隋文帝傳》：
「文帝對自己生活的嚴格要求……每天上朝乘坐的輿輦，一再修理，就是不肯換新。」

反正就是符合了一個**開業皇帝**的標準。

韓昇《隋文帝傳》：
「關心民間疾苦，在文帝身上表現得比較突出……文帝提倡節儉，無疑是出於對前代興衰歷史經驗的總結。」

而他做的事主要有**三個方面**。

第一是**權**，

軍事科學院《中國軍事通史》：
「楊堅代周稱帝伊始，即著手改革封建統治機構。」

楊堅喵自己就是**篡權上位**的，

傅樂成《中國通史》：
「（南朝陳）太建十二年（五八〇）五月，宣帝死。近臣劉昉、鄭譯等……矯詔命堅入總朝政。堅應命出任右大丞相，集軍政大權於一身，宇文氏政權便輕易的歸於楊氏。」

他自己可以，
別人，**可不行！**

於是乎，他實行**制度改革！**

范文瀾《中國通史》：
「隋文帝統一天下，綜合前代各種制度，有沿有革，厘定成隋制。」

從那時起，

中央設置**尚書省、門下省、內史省**三個部門。

傅樂成《中國通史》：

「中央官制，隋承襲了北齊的三省制。三省指尚書、中書、門下三省，同為國家最高行政機關……中書省隋時改稱內史省。」

內史省負責**起草議案**，

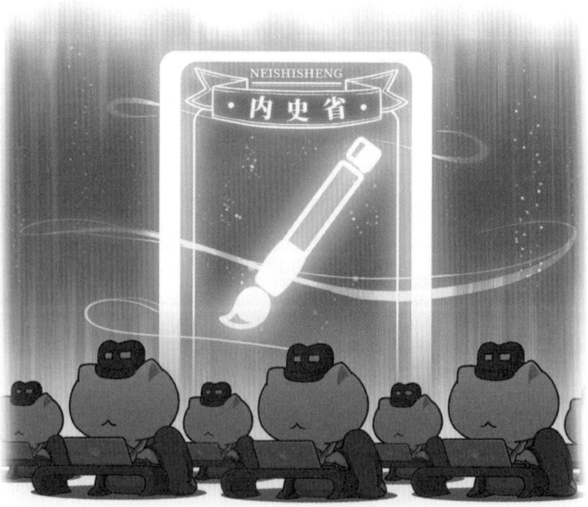

韓昇《隋文帝傳》：

「內史省主要負責制定詔令……」

門下省負責**審定**，

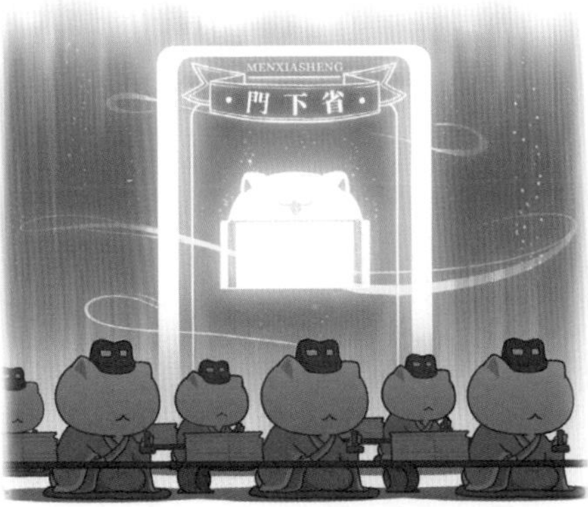

俞鹿年《中國政治制度通史》：「門下省在決策系統中的主要工作是審議與封駁。」

再由尚書省去**執行**。

俞鹿年《中國政治制度通史》：「尚書省是隋唐五代的中樞行政機關。中書門下發出的制敕，均由本省轉發到中央各官署及地方州縣衙門，或根據制敕精神製成政令，交有關官署執行。」

這樣一來，

原本的相權被**一分為三**，

朱紹侯《中國古代史》：「三省六部制是中國官制史上的重大變革，它將相權一分為三，把決策與執行機構分開。」

防止了**權臣**的出現。

朱紹侯《中國古代史》：
「三省六部制……對於防止權臣篡位，穩定政局，維護統一，都起到積極的作用。」

而地方上則實行**州縣兩級制**。

傅樂成《中國通史》：
「（隋）開皇三年（五八三）罷全國諸郡，以州統縣，成為州縣二級制。」

南北朝時期，基本**天天打仗**。

崔瑞德《劍橋中國隋唐史》：「在六世紀的最後二十五年，中國在政治上已經分裂了將近三百年……大分裂的大部分時期中戰亂不止。」

要士兵打得賣力就得給**好處**，

周振鶴《中國地方行政制度史》：「東晉以降，南北分裂對峙……在戰爭中立功的武人以及對方來降的將領，政府對之均要『報功酬庸』，通俗點說，就是要給予封賞。」

而好處基本就是**封官許願**了……

周振鶴《中國地方行政制度史》：「而封賞之物則是刺史、郡太守等職務。」

所以那會兒無論是哪個政權當政，
都封**好多官**。

崔瑞德《劍橋中國隋唐史》：
「隋朝繼承的是一個花費巨大、冗員過多的地方政府體制……濫設地方機構而不顧地方是否需要，行政是否合理。」

隋初期**州**的數量，
就是東漢時期的**二十多倍**……

周振鶴《中國地方行政制度史》：
「以十三部（州）貫穿東漢一代……尤其是州，在隋代統一之後，總數有三百多。」

更別提**郡、縣的**數量，
更是多得不得了……

《隋書·卷四十六》：
「尚希時見天下州郡過多，上表曰：『……竊見當今郡縣，倍多於古，或地無百里，數縣並置，或戶不滿千，二郡分領。』」

於是，隋文帝乾脆**取消**郡一級，

白壽彝《中國通史》：
「隋文帝根據楊尚希等的建議，廢除郡級機構，併省州縣……」

范文瀾《中國通史》：
「五八三年，隋文帝廢郡一級地方官，只存州縣兩級。」

只留**州**、**縣**兩級。

多出來的官員，則直接**炒掉**！

唐長孺《魏晉南北朝隋唐史講義》：
「這種改革，省掉了許多地方機構和地方官僚。」

加強了中央對地方的**控制**。

韓昇《隋文帝傳》：

「地方行政制度改革的真實目的……把地方牢牢地置於中央強有力的控制之下，扭轉豪強左右地方行政的局面，徹底消除地方割據分裂的隱患。」

兩個制度的實行，

讓君主和中央的**權力**大大提升。

軍事科學院《中國軍事通史》：

「楊堅在政治上所採取的旨在強化封建統治機構的改革措施，既有利於中央集權的加強，又有利於國家統一。」

然而光鞏固政權還是**不夠的**……

錢才是硬道理。

軍事科學院《中國軍事通史》：
「發展社會經濟，這既是隋朝實施戰略轉變的重點工作，又是政治、國防建設得以發展的物質基礎。」

隋朝**初年**的時候，
地方貴族的勢力還是很大的。

韓昇《隋文帝傳》：
「（隋朝建立後）世家大族在鄉里社會的中心地位……赤裸裸地壟斷鄉里。」
胡如雷《隋唐五代社會經濟史論稿》：
「累世顯貴的大族往往就成為後來的士族或世族。」

農民因**稅收**的問題**依附**在貴族豪強那裡，

我們家……只有兩口喵。

趙德馨《中國經濟通史》：「因賦役苛重，大批編戶被迫投入豪強地主的私門，成為不承擔國家賦役的『浮客』。」《通典・卷七》：「浮客，謂避公稅、依強豪作佃家也。」

這使朝廷**搞不清楚**全國有多少戶。

范文瀾《中國通史》：「魏、晉迄南北朝，朝廷所有戶口數，比實際戶口數又少得多。」

你後面那些呢？
我也不知道……

而那些無所依附的農民，

又謊報年齡**不交稅**。

交稅……
這是我弟！
不好意思，我才八歲，還沒到交稅的年齡。

傅樂成《中國通史》：「當時關東地區的百姓，習於北齊時代的腐敗政風，丁壯之避役遊惰者占十之六七，其他地區的人丁，也有詐老詐小，以規免租賦的。」

反正就是**一塌糊塗**……

白壽彝《中國通史》：

「豪強地主把大量的朝廷編戶變為依附佃客，還有一些農民為了逃避賦役的負擔，詐老詐小，使戶籍與實際情況不符。」

怎辦呢？

人口普查！

唐長孺《魏晉南北朝隋唐史講義》：

「隋政府還進行了戶口檢查，把戶口清查出來，可以保證它的賦稅收入增加。」

朝廷派出人員**挨家挨戶**確定年齡，

朱紹侯《中國古代史》：「文帝下令州縣官吏『大索貌閱』，即根據戶籍簿上登記的年齡，來核對本人體貌。」

然後再根據戶數**貧富**分**等級**。

朱紹侯《中國古代史》：「令百姓五黨三黨為一團，根據標準定戶等上下，從輕制定稅額。」

富人多交稅，

唐長孺《魏晉南北朝隋唐史講義》：「當時服徭役和徵收各種附加稅，都是按照戶等徵收的，戶等高的，附加稅就多徵，徭役也要先服。」

窮人少交稅。

唐長孺《魏晉南北朝隋唐史講義》：

「隋文帝訂出了定戶等的標準，名曰『輸籍定樣』。這樣可以使人民的負擔比較合理。」

這樣一來，農民們紛紛**脫離**貴族豪強，

跑去**登記入戶！**

唐長孺《魏晉南北朝隋唐史講義》：

「由於賦稅減輕了，人民感到充當豪強的蔭戶，所受的奴役剝削更加沉重。因此，願意報自己的戶口，作為政府的編戶。」

光是當年登記的戶籍就增加了**四十多萬戶**。

范文瀾《中國通史簡編》：

「（隋開皇初年）縣官親巡查閱戶口……經過這種嚴格檢查，計增四十四萬三千丁。」

這樣一來不僅**增加了稅收，**

還**削弱**了貴族的**勢力。**

朱紹侯《中國古代史》：「大索貌閱和輸籍定樣，既有利於國家的賦稅收入又打擊了豪強士族的勢力。」

加上裁員後**省下的開支，**

白壽彝《中國通史》：「……裁撤冗官。不僅節省了國家開支，而且提高了行政效率。」

隋朝的**國庫**很快就**填滿了**。

人民教育出版社《義務教育課程標準實驗教科書·歷史七年級下冊》：「隋文帝統治二十多年間……儲積的糧食、布匹，據史書記載可以供應政府五六十年開銷。」

這就是歷史上的**「開皇之治」**。

四川教育出版社《義務教育課程標準實驗教科書·中國歷史七午級下冊》：「開皇年間，隋文帝勤勉治國，銳意革新……使隋朝在較短的時間內便形成國家富庶、社會繁榮的盛世局面，史稱『開皇之治』。」

相比起其他朝代

幾任皇帝才能締造一個盛世，

而楊堅喵卻做到了**開國**便達到**盛世的偉業**。

白壽彝《中國通史》：
「隋文帝統一全國……採取了多種措施，鞏固並發展了封建國家，致使隋朝出現了富強繁榮的景象。」

開皇之治的成果，
不僅使喵民**快速**從戰亂時代進入**繁華時期**，

軍事科學院《中國軍事通史》：
「楊堅取代北周稱帝建立隋朝後……僅在二十多年間，通過廣大人民群眾辛勤和創造性的勞動，便把隋朝建設成為當時世界上比較繁榮富強的封建國家。」

更為後續的發展提供了**堅實的基礎**。

翦伯贊《中國史綱要》：
「隋文帝時……西京太倉，東都含嘉倉、洛口倉、華州永豐倉、陝州太原倉所儲存的米粟，多的達千萬石……長安、洛陽和太原府庫所儲存的布帛，也各有幾千萬匹。再加上全國各地的儲積，可供隋統治者支用五六十年。」

然而，在國家治理得**順風順水**的時候，
隋朝皇室內部的**爭鬥**正在悄然發生。

《資治通鑑．卷一七九》：
「初，（隋文）帝之克陳也，天下皆以為將太平，監察御史房彥謙私謂所親曰：『主上忌刻而苛酷，太子卑弱，諸王擅權，天下雖安，方憂危亂。』」
袁剛《隋煬帝傳》：
「隋儲君之爭大約在滅陳天下一統之後開始，起先一切都只是在極其秘密的狀態下進行。」

一場關於**繼承者的爭奪**，
即將開始……

（且聽下回分解。）

編者按

隋文帝被後人評為「勵精之主」，但是隋朝的興盛不僅源於他的勤勉，還源於他優秀的政治頭腦。比如，他開創的「三省六部制」是封建中央官制一次重要的創新，從制度上重新平衡了君要臣做事、又怕臣子權力過大威脅皇權的問題，一直沿用到清朝。隋文帝的執政風格也非常務實，按「戶等」納稅始於西魏，但因為標準混亂，後來很難執行。最後，也是他拍板定下標準，名為「輸籍定樣」。當一系列改善民生、恢復生產的政策在隋朝相繼推出，飽受戰亂之苦的民眾終於能安心從事生產。正是在這樣的環境下，隋朝開國後很快出現了「人多殷富」的景象，也成為了中國歷史上唯一一個開國即盛世的皇朝。

楊堅——年糕（飾）

參考來源：《隋書》、《通典》、《資治通鑑》、范文瀾《中國通史》及《中國通史簡編》、白壽彝《中國通史》、傅樂成《中國通史》、軍事科學院《中國軍事通史》、朱紹侯《中國古代史》、唐長孺《魏晉南北朝隋唐史講義》、韓昇《隋文帝傳》、趙德馨《中國經濟通史》、崔瑞德《劍橋中國隋唐史》、周振鶴《中國地方行政制度史》、俞鹿年《中國政治制度通史》、翦伯贊《中國史綱要》、胡如雷《隋唐五代社會經濟史論稿》、袁剛《隋煬帝傳》、人民教育出版社《義務教育課程標準實驗教科書・歷史七年級下冊》、四川教育出版社《義務教育課程標準實驗教科書・中國歷史七年級下冊》

【釣魚執法】

楊堅很討厭貪官，
為了發現貪官，
曾故意讓人向官員行賄。
如果有官員禁不住誘惑接受賄賂，
就會被他抓來處死。

【離家出走】

楊堅在歷史上是
出了名的「怕老婆」，
有一回兩口子吵架，
他被老婆氣得離家出走，
最後又被大臣勸回來了。

【十惡不赦】

隋朝有一部法律叫《開皇律》，
裡面規定了謀反、不孝等
十項重罪不得赦免。
成語「十惡不赦」就是來源於此。

百群喵檔案

年糕小劇場

《畢業季》

《時間的痕跡》

年糕

處女座

生日：9月8日

身高：181公分

喜歡的音樂：金屬樂

喜歡的動物：貓頭鷹

（年糕擬人介紹）

年糕的車車
Niangao's Transport

第七十九回 ◉ 儲君之爭

隨著**開皇之治**的出現，

大隋皇朝完成了政權的**鞏固**。

朱紹侯《中國古代史》：

「隋文帝楊堅是一個勵精圖治的開國皇帝，他順應歷史發展的趨勢，完成了統一大業，並從政治、經濟、軍事等方面推行一系列改革措施，鞏固了統一，強化了中央集權，開創了一個繁榮安定的社會局面。」

作為國家統治者，

隋文帝不僅**治國有方**，

范文瀾《中國通史》：

「隋文帝主要的功績，在於統一全國後，實行各種鞏固統一的措施，使連續三百年的戰事得以停止，全國安寧，南北民眾獲得休息，社會呈現空前的繁榮。」

跟皇后也很**恩愛**，

《隋書．卷三十六》：
「高祖（隋文帝）與后相得，誓無異生之子。」
《北史．卷十三》：
「隋文思革前弊，大矯其違，唯皇后當室，傍無私寵……」

總共生了**五個**皇子。

《隋書．卷四十五》：
「高祖（隋文帝）五男，皆文獻皇后之所生也。」

在他看來，
這樣的「配置」定能防止**兄弟相爭**的出現。

《隋書．卷四十五》：
「上（隋文帝）嘗從容謂群臣曰：『前世皇王，溺於嬖幸，廢立之所由生。朕傍無姬侍，五子同母，可謂真兄弟也。豈若前代多諸內寵，孽子忿諍，為亡國之道邪。』」

但很可惜，他很快就被**「打臉」**了。

袁剛《隋煬帝傳》：
「但事實恰恰與常理相反，同父同母所生的同胞兄弟除老三秦王楊俊外，個個都虎視眈眈，窺視著皇帝的權位。」

「打臉」的那個喵，

正是他的二兒子**楊廣喵**。

韓昇《隋文帝傳》：
「文帝共有五個兒子，依次為太子勇、晉王廣、秦王俊、蜀王秀和漢王諒。」

楊廣喵不僅從小**聰明好學**，

《隋書．卷三》：
「上（楊廣）美姿儀，少敏慧……」

還長得**漂亮**。

袁剛《隋煬帝傳》：
「（楊廣）自小就長得漂亮、可愛。」

十三歲就外出打突厥，

《隋書．卷三》：
「開皇元年（五八一年），立（楊廣）為晉王，拜柱國、並州總管，時年十三。」
袁剛《隋煬帝傳》：
「楊廣受封晉王坐鎮並州，主要任務就是防禦塞外的大敵突厥。」

二十歲平定江南，

> 崔瑞德《劍橋中國隋唐史》：
> 「楊廣……生於五六九年。」
> 白壽彝《中國通史》：
> 「（楊廣）以行軍元帥，在長史高熲、司馬王韶的輔佐下，統領兵馬五十一萬八千人，進攻江南。開皇九年（五八九）春，攻下建康，滅亡陳朝。」

到**三十二**歲時已經出將入相。

> 白壽彝《中國通史》：
> 「這時他（楊廣）三十二歲，已經是出將入相，屢建功勳。」
> 袁剛《隋煬帝傳》：
> 「（楊廣）不僅有統兵北禦突厥、南滅陳朝的武功聲譽，又取得安定江南的文治政績。」

從**能力**上看，

楊廣喵確實是五個皇子裡**最強的**，

> 《隋書．卷四十五》：
> 「（楊廣）聲名籍甚，冠於諸王。」
> 袁剛《隋煬帝傳》：
> 「楊廣自十三歲出藩，為隋朝的鞏固和國家統一事業作出了突出貢獻，在昆弟之中，他風流蘊藉，獨著聲績，十多年中沒有被人抓住什麼明顯的錯處，方方面面都似乎無可挑剔。」

朝野上下也對他一致看好。

《隋書．卷三》：

「上（楊廣）好學，善屬文，深沉嚴重，朝野屬望。」

但可惜……他始終是個**老二**。

袁剛《隋煬帝傳》：

「大隋皇帝姓楊，但楊廣次不當立，沒有繼承皇位的資格。」

根據**禮法**，

皇位的繼承人是他的**大哥**。

白壽彝《中國通史》：

「隋文帝有五個兒子，楊勇最長，開皇元年立為太子。」

大哥喵也是從小追隨父親，

爸爸你安心鬧事，我幫你看家。
等我下班回來就是皇帝了。

袁剛《隋煬帝傳》：
「隋朝建立之後，皇太子楊勇在父親身邊協助處理內外軍政事務。」

《隋書·卷四十五》：
「勇頗好學，解屬詞賦，性寬仁和厚……」

性格溫和，

仁
愛

屬於**「文可安邦」**型。

MIAO

《隋書·卷四十五》：
「軍國政事及尚書奏死罪已下，皆令（楊）勇參決之……是後時政不便，多所損益，（隋文）帝每納之。」

可作為**太子**的他，
卻過於喜歡**享樂**。

《隋書．卷四十五》：
「（楊勇）率意任情，無矯飾之行。」

吃要最好，

用也要最好，

《隋書．卷四十五》：
「勇嘗文飾蜀鎧，上見而不悅，恐致奢侈之漸……」

甚至連**老媽**給他找的媳婦也嫌棄……

袁剛《隋煬帝傳》：「楊勇還特別貪戀女色，他不喜歡父母做主給他包辦的嫡正妻子，長期冷落她。」

你要知道，
他爹媽可是**「創業」**出來的。

《隋書．卷二》「（隋文帝）居處服玩，務存節儉，令行禁止，上下化之。」

韓昇《隋文帝傳》：「文帝夫婦出生於物資匱乏的戰亂年代，養成難能可貴的艱苦樸素的生活作風，哪怕居人尊之位亦不曾改變。」

如此放浪，
根本就是在**找死**……

袁剛《隋煬帝傳》：「楊勇的太子地位開始動搖了，隋文帝和獨孤皇后都有意要取消他繼承皇位的資格。」

這樣的情況讓楊廣喵看到了**機會**。

袁剛《隋煬帝傳》：
「哥哥楊勇的不堪為嗣，自毀前程，正好給楊廣留下了可供鑽營的空隙。」

他將大哥喵當成**反面**操作手冊，

大哥喵**奢華**，

袁剛《隋煬帝傳》：
「楊勇自以為自己居於嫡長，皇太子地位已定……越來越放蕩，驕奢淫逸。」

他就艱苦**樸素**，

《隋書・卷四十五》：
「後晉王廣來朝，車馬侍從，
皆為儉素……」

把**家裡**的樂器都弄壞了。

《隋書・卷三》：
「既而高祖（隋文帝）幸上（楊
廣）所居第，見樂器弦多斷絕，
又有塵埃，若不用者，以為不
好聲妓，善之。」

大哥喵**好色**，

袁剛《隋煬帝傳》：
「楊勇明知母親獨孤氏痛恨男
人寵愛姬妾，卻要明目張膽地
廣納美姬。」

他就**憋著**，

連婢女都選又老又醜的。

袁剛《隋煬帝傳》：
「楊廣……於是更加矯飾，平時惟與妻蕭妃居處，侍女也用老醜者，讓她們穿著沒繡花邊的粗布衣，屋內屏帳也改用一般粗布。」

甚至為了表現自己的**專一**，

還天天拉著**元配老婆**秀恩愛。

《隋書．卷四十五》：
「晉王（楊廣）知之，彌自矯飾，
姬妾但備員數，唯共蕭妃居處。」

一頓操作下來，
爹媽對他的**好感度**直線攀升。

袁剛《隋煬帝傳》：
「文帝和皇后見兒子如此儉樸，
十分歡喜，讚不絕口。」

可好感歸好感，
要搞掉大哥喵這還**不夠**。

於是乎，他先是在老媽面前**詆毀**大哥喵，

《隋書．卷四十五》：
「（楊廣）入內辭皇后……曰：『臣性識愚下，常守平生昆弟之意，不知何罪，失愛東宮，恒蓄盛怒，欲加屠陷。』」

讓老媽對大哥喵**不滿**。

《隋書．卷四十五》：
「皇后忿然曰：『晛地伐漸不可耐……我在尚爾，我死後，當魚肉汝乎？』」

又通過賄賂拉攏**朝中大臣**，

白壽彝《中國通史》：
「楊素則大權在握，可以左右朝政。他（楊廣）便派人聯絡楊素，取得楊素的支持。」
袁剛《隋煬帝傳》：
「楊廣深知中樞權力圈的大臣對文帝政治取向頗具影響，是奪嫡的重要仲介環節，於是又卑詞厚禮，交結朝中大臣。」

讓他們為自己**說好話**。

白壽彝《中國通史》：
「楊素一面向獨孤后稱譽楊廣，詆毀太子，與宮內聯成一氣；一面又在外廷中大肆活動，說太子的壞話。」

這樣一個老媽加大臣的**「助攻小組」**果然厲害，

《隋書．卷四十五》：
「（楊）素既知意，因盛言太子不才。皇后遂遺素金，始有廢立之意。」

從此大哥喵周邊便充滿**監視**，

《隋書．卷四十五》：
「皇后又遣人伺覘東宮，纖介事皆聞奏，因加媒孽，構成其罪……晉王（楊廣）又命段達私於東宮幸臣姬威，遺以財貨，令取太子消息，密告楊素。於是內外喧謗，過失日聞。」

一旦做錯點啥，

就被告到**皇帝**那兒去。

我覺得他不夠好……
他不行的，太不懂事了。

袁剛《隋煬帝傳》：「在楊素導演之下，對皇太子的流言蜚語接二連三地傳到隋文帝耳中。」

一邊形象在**抬高**，

二子楊廣

袁剛《隋煬帝傳》：「經過精心策劃，多年努力，矯情飾貌，占盡風頭，楊廣終於在實際政治聲望上超過了哥哥楊勇。」

一邊形象則在**下降**。

《隋書·卷四十五》：
「高祖（隋文帝）聞（楊）素譖毀，甚疑之……高祖惑於邪議，遂疏忌勇。」

大哥喵的下場只能是被**拋棄**。

《隋書·卷四十五》：
「開皇二十年（六〇〇年）九月，帝曰：『此兒不堪承嗣久矣。今欲廢之，以安天下。』」

楊廣喵最終靠著自己的手段，
一步步走上**皇位**。

《北史·卷十一》：
「（開皇）二十年……冬十月乙丑，（隋文帝）廢皇太子勇及其諸子。並為庶人……十一月戊子，以晉王廣為皇太子。」

這便是隋朝的第二任皇帝── **隋煬帝**。

袁剛《隋煬帝傳》：
「隋煬帝楊廣（公元五六九－六一八年）是中國古代隋王朝的第二代皇帝，公元六〇四年至六一八年在位，年號『大業』。」

楊廣喵的勝利歸功於他極深的**城府**和**政治謀略**，

袁剛《隋煬帝傳》：
「楊廣並沒有動武，他以情打動母后，以虛假迷惑父皇，以術交結權相楊素，自己不動聲色，不出面就把大事辦成了，整個過程充分表現了楊廣的政治才能。」

而這一場爭鬥也主觀地引發了**朝廷黨爭**，

造成了**嚴重的內耗**。

韓昇《隋文帝傳》：
「廢立太子案至此告一段落，隋朝的專制獨裁與政治迫害也達到高潮……文帝晚年的一系列冤案，使得官員和百姓對隋朝心寒齒冷……有識之士已經看出隋朝正在走向危險的深淵。」

除楊廣喵外的其他**皇子**，**死的死**，**廢的廢**。

袁剛《隋煬帝傳》：
「（隋文帝）下詔罷楊秀王爵，廢為庶人。」「（楊廣）於是除名為民，絕其屬籍，不承認幼弟（楊諒）是皇室成員。」
岑仲勉《隋唐史》：
「及文帝崩，廣偽造遺敕賜勇死。」「俊平陳後……遇疾征還（開皇十七年），數歲而卒。」

那麼作為**新一代**的統治者，

深沉而富有野心的楊廣喵，

能使隋朝延續下去嗎？

袁剛《隋煬帝傳》：
「隋煬帝……為了證明自己龍飛九五是合於天道，即皇帝位是當之無愧，乃以拚命的精神試圖在短期內建立最偉大的功業……然而成效如何，自古至今評價不一。」

（且聽下回分解。）

編者按

楊廣不是嫡長子，卻擁有過人的才能，還是隋朝開國皇帝楊堅、皇后獨孤氏最寵的兒子。所以，當他看到太子德不配位，自然會產生強烈的野心。他暗中籌謀，隱忍數十年，最終不僅奪得了太子之位，還為了鞏固權力對其他同胞兄弟冷血出手。很多人說他殘忍，但是後人也應該看到，他滅陳朝、平江南的文治武功，運籌帷幄的手段，以及他不達目標不甘休的決心。楊廣的成功上位證明了他不是一個庸人，而是一個目標明確、心狠手辣的強者。在中國數千年封建社會的歷史長河中，圍繞皇權的爭奪就像一個幽靈伴隨著當權者，皇室內鬥看似殘酷，實則難以避免。楊廣不是第一個，也不會是最後一個。

參考來源：《隋書》、《北史》、袁剛《隋煬帝傳》、韓昇《隋文帝傳》、白壽彝《中國通史》、范文瀾《中國通史》、岑仲勉《隋唐史》、崔瑞德《劍橋中國隋唐史》、朱紹侯《中國古代史》

附錄

【美少年】

楊廣從小就是個美少年，
備受父母寵愛。
他還有個小名叫「阿麼（ㄇㄛˊ）」，
據說既寓意著美麗，
也是希望他得到菩薩保佑。

【才子楊廣】

楊廣不僅演技好，
還是有名的大才子，
他的文風清新別致，
對整個隋代文壇都產生了
巨大的影響。

【貴不可言】

據說隋文帝曾經秘密派相士
為自己的兒子們看相。
相士看到楊廣時便說，
晉王眉上的雙骨隆起，
貴不可言。

百群喵檔案

煎餅小劇場

《超級英雄》

《哪個好》

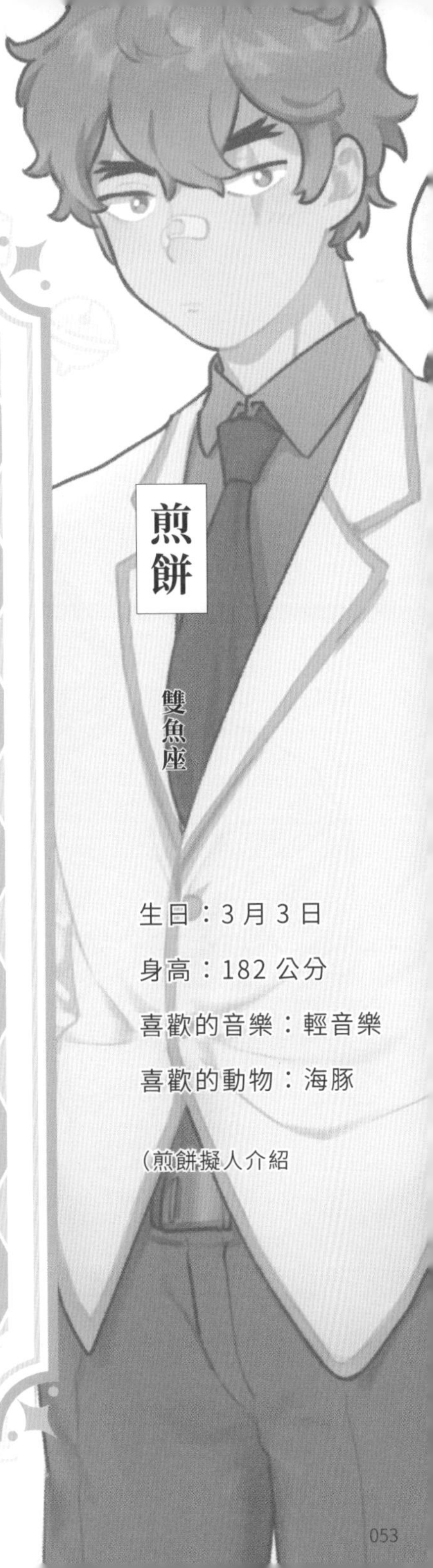

煎餅

雙魚座

生日：3 月 3 日

身高：182 公分

喜歡的音樂：輕音樂

喜歡的動物：海豚

（煎餅擬人介紹

煎餅的車車
Jianbing's Transport

第八十回 ◉ 大業難成

經過了殘酷的**競爭**，

傅樂成《中國通史》：
「（晉王廣）籌畫奪嫡，並聯絡獨孤后，對太子勇發動種種誣蔑陷害。長期的積毀，竟使多疑的文帝對太子發生疑懼，終於開皇二十年（六〇〇）廢勇為庶人，而立廣為太子。」

大隋政權誕生了新的**統治者**。

《隋書．卷三》：
「（隋仁壽）四年（六〇四年）七月，高祖崩，上（楊廣）即皇帝位於仁壽宮。」

他，便是大名鼎鼎的**隋煬帝**—— **楊廣喵**。

《隋書．卷三》：
「煬皇帝，諱廣，一名英，小字阿麼，高祖第二子也。」

作為一個充滿**才華與野心**的君王，

《隋書．卷七十》：
「煬帝蒙故業……自以威行萬物，顧指無違，又躬為長君，功高曩列，寵不假于外戚，權不逮於群下，足以轥轢軒、唐，奄吞周、漢，子孫萬代，人莫能窺。」

楊廣喵渴望成為**千古一帝**，

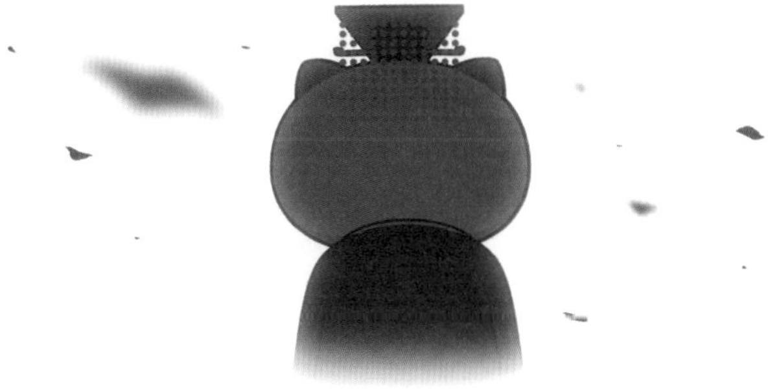

《隋書．卷四》：
「（煬帝）以天下承平日久，士馬全盛，慨然慕秦皇、漢武之事……」

上位後便將年號改為**「大業」**，

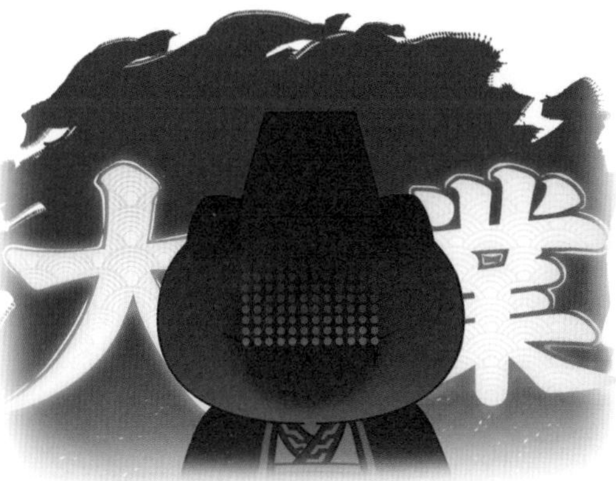

袁剛《隋煬帝傳》：
「翌年正月初一，隋煬帝改元大業，稱大業元年（六〇五）……大業，是要成就千秋萬代矚目的偉業之意。」

正式開始了追求**功蓋千古**的統治。

袁剛《隋煬帝傳》：
「隋煬帝氣度恢宏，志向萬千……
現在終於可以放手大幹了。」

而要做的事情總共有**三件**。

首先是加強**內部統一**。

白壽彝《中國通史》：
「（楊廣）即位之初……進一步鞏固隋政權對全國的統治。」

隋朝是由原來的**北齊、北周、南陳三國合一**的。

軍事科學院《中國軍事通史》：「（北周）建德六年（五七七年），周武帝出兵滅亡日益衰落的北齊……（隋）開皇元年（五八一年），楊堅取代北周稱帝建立隋朝。」「開皇九年（五八九年）……『陳國皆平』。」

三國雖然被統一，
但**內部的聯繫**卻並不緊密。

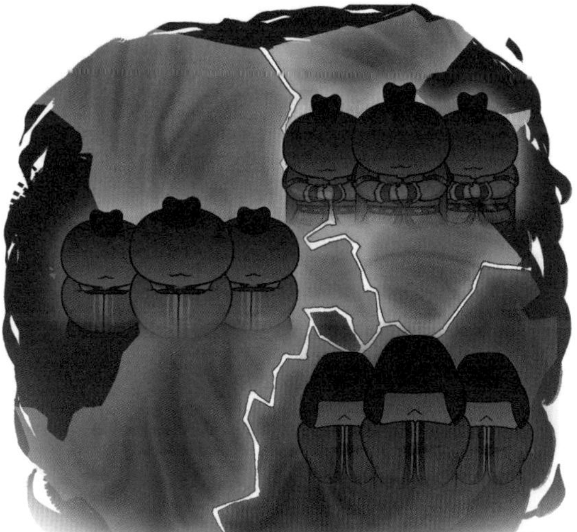

袁剛《隋煬帝傳》：「山東曾長期受北齊統治，入隋後存在著許多不安定因素。」「（陳滅後）江南地區的變亂和少數民族叛亂仍時有發生，成為隋王朝的憂患。」

於是乎，楊廣喵下令在東部**修建都城**，

《隋書・卷三》：
「（隋）仁壽四年（六〇四年）……詔曰：……可於伊、洛營建東京，便即設官分職，以為民極也。」

這就是**東都洛陽**。

王仲犖《隋唐五代史》：
「洛陽是後來修建起來的通濟渠的終點，也就是山東、江淮糧運的集中地。」

再以東都洛陽為**中心**，南北開鑿**大運河**。

張豈之《中國歷史・隋唐遼宋金卷》：
「隋煬帝時開鑿的大運河，利用天然河流和舊時管道，以洛陽為中心，北達涿郡，南到餘杭。」

從此南方的**物資**得以運往北方，

白壽彝《中國通史》：

「南北物資的交流成為迫切的需要，大運河就是適應這種歷史情況而出現的……通過漕運，交流南北物資。」

經濟交流得到**加強**。

王仲犖《隋唐五代史》：

「這條大運河通運以後……使南北物產的交流有了通暢的渠道，對經濟發展起了很大的作用。」

北方則可以通過河道運送**士兵**，

崔瑞德《劍橋中國隋唐史》：

「通往東北的永濟渠之開鑿，不但是為了運來河北的稅收，而且部分地出於重要的戰略目的，即在需要軍隊防禦北方和東北部區域時供應兵員。」

加強了對南方的**控制**。

人民教育出版社《義務教育課程標準實驗教科書・歷史七年級下冊教師教學用書》：
「開鑿運河……建立交通線，加強對北齊故地關東地區和原陳朝統治的南方地區的有效控制。」

這個系統的形成，
不僅將**政治和經濟中心**聯繫起來，

王仲舉《隋唐五代史》：
「隋王朝面臨的歷史任務，就是必須把南方的經濟中心與北方的政治軍事重心聯繫起來……運河大工程，就是在這種新的客觀形勢下進行的。」

更是鞏固了天下的**統一性**。

朱紹侯《中國古代史》：
「大運河的開通，加強了南北聯繫，成為南北交通大動脈，對加強我國統一，促進經濟文化交流和發展，起著重大的作用。」

而內部的穩定則需要**國防力量**的強大。

軍事科學院《中國軍事通史》：「楊廣即帝位後，繼續加強國防建設。」

隋朝的邊境存在著很多**游牧民族**，

軍事科學院《中國軍事通史》：「居於隋邊境地區的少數民族和主要鄰國是……奚、契丹、室韋和靺鞨……東、西突厥，吐谷渾以及高昌、伊吾、焉耆等。」

楊廣喵就分別修築了**長城**、**長塹**和**馳道**。

長城是第一道防線，

《隋書·卷三》：
「大業三年（六〇七年）發丁男百餘萬築長城，西距榆林，東至紫河……大業四年（六〇八年）發丁男二十餘萬築長城，自榆谷而東。」
軍事科學院《中國軍事通史》：
「（長城）對鞏固隋朝北部及西北邊防，抵禦突厥和吐谷渾的襲擾，無疑是有一定作用的。」

長塹是第二道防線，

《資治通鑑·卷一八〇》：
「仁壽四年（六〇四年）……（煬帝）發丁男數十萬掘塹，自龍門東接長平、汲郡，抵臨清關，渡河至浚儀、襄城，達於上洛，以置關防。」
軍事科學院《中國軍事通史》：
「掘塹設置關防，拱衛東西兩京……有利於鞏固隋朝兩大政治中心的安全。」

馳道則是高速公路，

《隋書·卷三》：
「大業三年（六〇七年）……（楊廣）發河北十餘郡丁男鑿太行山，達於並州，以通馳道。」

能確保快速調集**軍隊**。

袁剛《隋煬帝傳》：
「在太行山橫截開出一條馳道……便於戰時調兵。」

內外的**鞏固**使隋朝消除了**後顧之憂**。

隋朝這艘**「巨輪」**，
在楊廣喵的手上開始**對外拓展**。

軍事科學院《中國軍事通史》：
「煬帝楊廣即位以後……憑藉強大的隋朝國力，推行戰爭政策。」

西元**604年**，進攻林邑。

《隋書・卷八十二》：
「時天下無事，群臣言林邑多奇寶者。仁壽末，上遣大將軍劉方為驩州道行軍總管，率欽州刺史甯長真、驩州刺史李暈、開府秦雄步騎萬餘及犯罪者數千人擊之。」

西元**605年**，進擊契丹。

《資治通鑑・卷一八〇》：
「大業元年（六〇五年）……契丹寇營州，詔通事謁者韋雲起護突厥兵討之……」

西元**610年**，攻打琉球。

《資治通鑑・卷一八一》：
「大業六年（六一〇年）……帝復遣硃寬招撫流求，流求不從。帝遣虎賁郎將廬江陳稜，朝請大夫同安張鎮周發東陽兵萬餘人，自義安泛海擊之。」

連年的征伐讓四方**屈服**，

袁剛《隋煬帝傳》：
「隋煬帝即位後短短幾年時間，使大隋皇威播於四夷。」

國土面積更是達到了新的高峰。

范文瀾《中國通史》：
「隋煬帝開拓疆域……西到且末，北到五原，東西九千三百里，南北一萬四千八百一十五里，國勢號稱極盛。」

那麼，隋朝是否能成為**千秋極盛的大帝國呢？**

沒有。

朱紹侯《中國古代史》：
「（隋王朝）開創了一個相對穩定的社會新局面，為社會生產力的發展提供了有利條件。然而這種局面卻很短暫……」

從楊廣喵**繼位**開始，
天下便進入**「超級工程」**狀態。

袁剛《隋煬帝傳》：
「（隋煬帝）在大業初年半年內，連續下令掘長塹、營東都、鑿運河、造龍舟、巡遊江都、制羽儀等。」

每個工程都消耗**巨大民力**，

唐長孺《魏晉南北朝隋唐史講義》：
「隋煬帝即位以後……大量的壯丁被徵發出來從事各種各樣的徭役和兵役，動不動就是幾十萬、乃至於上百萬。」

且要求**工期極短**……

《隋書‧卷二十四》：
「徵發倉卒，朝命夕辦……」
王仲舉《隋唐五代史》：
「巨大的工程，是在官吏督役嚴急的情況下迅速完成的。」

修建東都，
每月用工**200萬**人次。

《資治通鑑‧卷一八〇》：
「大業元年（六〇五年）……詔楊素與納言楊達、將作大匠宇文愷營建東京，每月役丁二百萬人。」

修築長城發兵**百萬**，

范文瀾《中國通史》：
「六〇七年……發丁男百餘萬人築長城。」「六〇八年，隋煬帝出塞巡視去年所築長城，又發丁男二十餘萬築長城。」

挖運河則超過**300萬**人次。

袁剛《隋煬帝傳》：
「大運河在開鑿過程中，動用了民夫數百萬……合計總數在三百多萬。」

男喵不夠，

則連**女喵**也徵用……

《隋書．卷二十四》：
「……男丁不供，始以婦人從役。」

8年時間就弄了**22次**全民總動員。

軍事科學院《中國軍事通史》：
「在八年時間裡，楊廣所興的大規模徭役和兵役，史書記載的達二十二次之多。」

當時隋朝喵民大概**4600萬**，

唐長孺《魏晉南北朝隋唐史講義》：
「隋煬帝繼位……當時隋朝掌握了八百九十萬戶，四千六百萬人。」

而動用民工就多達**3012萬**人次。

胡如雷《關於隋末農民起義的若干問題》：
「仁壽四年（六〇四年）隋煬帝繼位起至大業八年（六一二年）第一次東征高麗止所動用的人力……約三千零一十二萬餘人。」

楊廣喵的計畫**遠遠超出**了喵民們的**承受範圍**。

張豈之《中國歷史．隋唐遼宋金卷》：
「無窮無盡的勞役和年復一年的征伐高麗的戰爭，給人民帶來了不堪忍受的災難。」

連年的**勞役**和**兵役**使喵民們**無法**從事生產。

唐長孺《魏晉南北朝隋唐史講義》：「這樣的奢侈、嚴刑酷法和進行黷武性的戰爭，耗費太大。在這樣的情況下，農業生產幾乎陷入停頓。」

田地**荒蕪**，

范文瀾《中國通史簡編》：「（隋）大業六年，謀伐高麗……軍民死亡過半，耕種失時，田地荒廢。」

民眾**苦不堪言**……

《隋書．卷二十四》：「是時百姓廢業……初皆剝樹皮以食之，漸及於葉，皮葉皆盡，乃煮土或搗稿為末而食之。」

當隋朝走到**巔峰**時，
也意味著**滅亡**的到來……

西元**612年**，
遠征高麗成為了壓死隋朝的最後一根稻草。

軍事科學院《中國軍事通史》：「從（隋）大業八年（六一二年）至十年（六一四年），接連三次以重兵進伐高麗，其結果非但未能取得預期勝利，相反，卻加劇了國內階級矛盾，成為隋朝由興盛到衰亡的一個重要因素。」

忍無可忍的喵民們掀起**起義**浪潮，

白壽彝《中國通史》：「在生產力遭到嚴重破壞的情況下，勞動人民為了不被凍餓而死，只有相聚起義，高舉農民革命的大旗了。」

混亂的**戰火**再次點燃……

《資治通鑑・卷一八〇》：「大業七年（六一一年）……鄒平民王薄擁眾據長白山，剽掠齊、濟之郊，自稱知世郎，言事可知矣；又作《無向遼東浪死歌》，以相感勸，避征役者多往歸之。」

作為一個帝國的**主宰**，

楊廣喵不乏**才智與勤奮**，

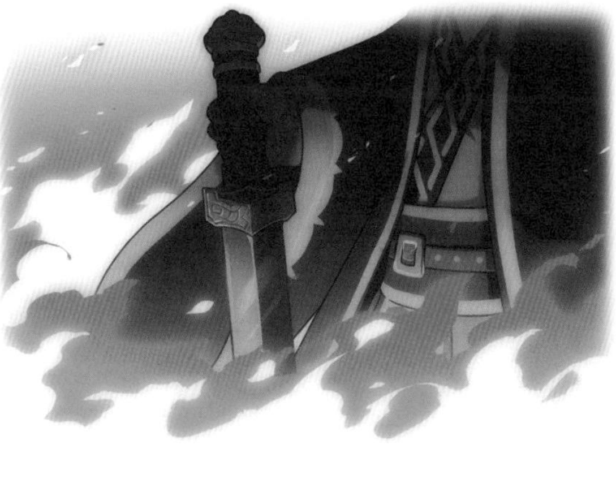

袁剛《隋煬帝傳》：「隋煬帝才能超群……他事必躬親，精力旺盛，馬不停蹄地四處巡行，督導行政，現場視事。」

然而卻缺乏了對**蒼生**的敬畏。

袁剛《隋煬帝傳》：
「隋煬帝暴就暴在從不考慮子民的生死，千百萬人民只不過是他用以實現宏圖偉業的工具，芸芸眾生有如牛馬牲畜。」

雄偉的**都城和運河**為後世帶來了便利，

白壽彝《中國通史》：
「修建東都是為了把政治中心東移，減少每年大量向京師運糧的困難……運河的開鑿有利於經濟文化的交流與發展。」

卻也成了他的**催命符**……

《隋書．卷二十四》：
「煬皇嗣守鴻基，國家殷富，雅愛宏玩，肆情方騁，初造東都，窮諸巨麗……長城御河，不計於人力，運驢武馬，指期於百姓，天下死於役而家傷於財……隋氏之亡，亦由於此。」

倒隋的號角已經吹響，

朱紹侯《中國古代史》：
「大業七年（六一一年）十月，山東鄒平王薄起義於長白山……星星之火，迅速成燎原之勢，黃河下游一帶農民紛紛回應長白山起義。」

後續的發展將會如何呢？

（且聽下回分解。）

編者按

在眾多影視作品中，隋煬帝總是以一個暴君的形象出現，近年來，有學者注意到隋煬帝的功績，開始為他正名，社會上甚至出現了為隋煬帝「翻案」的現象。我們無法否認，隋煬帝恢復國子監，促進了教育事業的發展；設進士科，促進了科舉制度的產生；開通大運河，促進了南北經濟交流，鞏固了國家統一，這些措施具有一定的進步性。但是隋煬帝急功近利，窮兵黷武，視人命如草芥，在他的「大業」之下是勞動人民的累累白骨和無數家庭的血淚。無論在哪個時代，對人民施以殘暴統治的統治者都會引起人民的反抗，隋末農民起義的爆發亦是必然的。

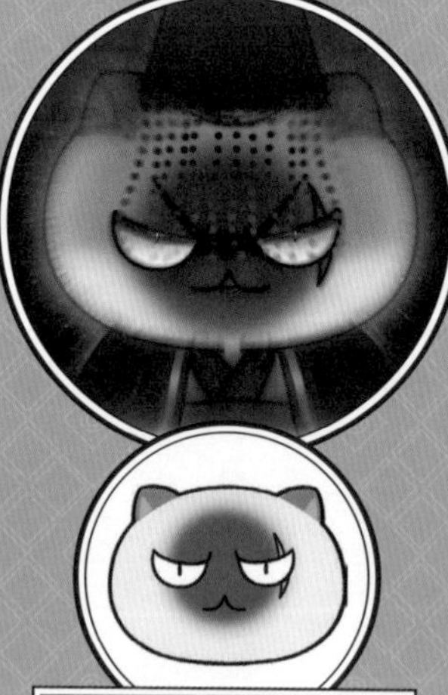

楊廣——煎餅（飾）

參考來源：《隋書》、《資治通鑑》、袁剛《隋煬帝傳》、白壽彝《中國通史》、范文瀾《中國通史》及《中國通史簡編》、傅樂成《中國通史》、王仲犖《隋唐五代史》、朱紹侯《中國古代史》、崔瑞德《劍橋中國隋唐史》、軍事科學院《中國軍事通史》、唐長孺《魏晉南北朝隋唐史講義》、張豈之《中國歷史·隋唐遼宋金卷》、胡如雷《關於隋末農民起義的若干問題》、人民教育出版社《義務教育課程標準實驗教科書·歷史七年級下冊教師教學用書》

附錄

【禽類殺手】

楊廣為了好看，
曾下令製作大量
需用到羽毛的衣服。
結果導致全國瘋狂捕鳥，
連樹上的鳥巢都沒放過。

【旅遊達人】

楊廣熱愛巡遊，
幾乎每年都要去。
作為皇帝，他在位十四年，
但待在京城長安的時間
總共還不到一年。

【雁門之圍】

楊廣每次巡遊都很威風，
然而在大業十一年（615年）
北巡雁門時，
突厥突然反叛，
把楊廣圍困了一個多月，
連人都嚇哭了。

《暖心小哥》

受傷了？別怕，我幫你包紮……
哇！那個喵好有愛啊！
是呀！
熱搜
#暖心非洲小哥雨中為小鳥包紮#
轉發666
評論233
第二天

《游泳》

陽光與海灘，真是太好了。
湯圓你看，有個黑影游過來了！
嗯？
快走！可能是鯊魚！
嗯！
????

WU
LONG
烏龍
巨蟹座
生日：7月 11 日
身高：180 公分
喜歡的音樂：爵士樂
喜歡的動物：兔子
（烏龍擬人介紹）

烏龍的車車
Wulong's Transport

第八十一回 ◉ 潛龍在淵

在隋朝連年的**暴政**之下，

白壽彝《中國通史》：
「隋煬帝即位以來，為了滿足無窮的欲壑，大興土木，廣事徵調，到處巡遊，揮霍浪費……又加連年發動對高麗的戰爭，進一步加重了人民的痛苦。」

反抗的戰火點燃了。

軍事科學院《中國軍事通史》：
「大業七年（六一一年），正當隋煬帝楊廣加緊實施進攻高麗的戰爭準備之時，鄒平（今山東博興西南）人王薄聚眾於長白山（今山東章丘東北）而起義，揭開了隋末農民大起義的序幕。」

偌大的帝國，霎時間**風雲突起**。

軍事科學院《中國軍事通史》：
「大業九年（六一三年）八月以後，各地農民起義鬥爭有如雨後春筍，層出不窮，蓬蓬勃勃。」

倒隋的隊伍此起彼伏，

軍事科學院《中國軍事通史》：「全國到處都燃起了農民起義的熊熊烈火。」

這裡有以平民為主的**農民起義軍**，

軍事科學院《中國軍事通史》：「以農民為主要參加者的武裝起義鬥爭，在山東、河北（當時指太行山以東、黃河以北的廣大地區，包括今山東、河北及河南的一部）各地風起雲湧，蓬勃發展起來。」

也有乘機造反的**貴族集團**。

范文瀾《中國通史》：
「農民起義大大削弱了隋朝廷的統治力量。一些隋官乘統治力量削弱的機會，起兵割據，稱帝稱王。」

而在這場大家都**躁動**起來的運動中，
有一個喵卻始終保持著**冷靜**。

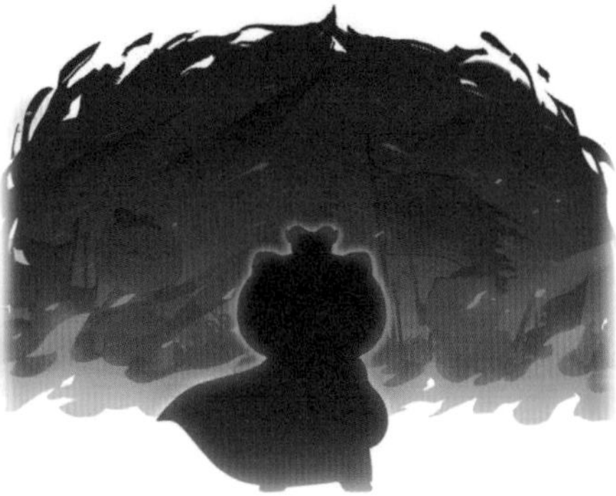

唐長孺《魏晉南北朝隋唐史講義》：
「從公元六一一到六一四年，也正是隋煬帝三次征討高麗的時候，各地的起義也就廣泛地爆發了。根據現在的統計，隋末農民起義，除了四川這個地方沒有見到記載以外，全國各地都有。」

軍事科學院《中國軍事通史》：
「大業十二年（六一六年）……封建統治階級中許多握有實權的地方官僚地主，為了自身的利益，也紛紛起兵。」

他，便是**李淵喵**！

軍事科學院《中國軍事通史》：
「李淵字叔德，北周武帝天和元年（五六六年）生於北周首都長安。」

李淵喵出身**貴族階級**，

白壽彝《中國通史》：
「（李淵）祖父李虎西魏時賜姓大野氏，拜柱國大將軍……北周時追封為唐國公。父李昺，北周安州總管、柱國大將軍，襲唐國公爵。」

七歲就繼承**爵位**，

《舊唐書．卷一》：
「高祖以周天和元年生於長安，七歲襲唐國公。」

論血緣，
皇帝還得喊他一聲**表哥**……

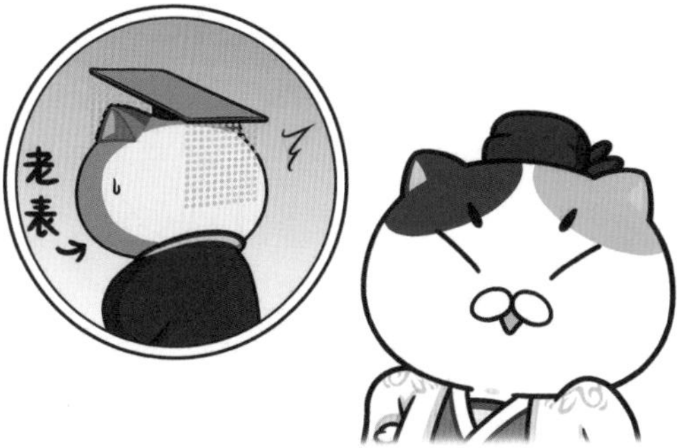

唐長孺《魏晉南北朝隋唐史講義》：
「李淵是關中軍事貴族出身，是隋煬帝的表兄弟。」

作為貴族的李淵喵**寬厚豁達**，

《舊唐書·卷一》：「（李淵）倜儻豁達，任性真率，寬仁容眾……」

無論身份貴賤都**很喜歡他**。

《舊唐書·卷一》：「無貴賤咸得其歡心。」

曾經就有懂面相的說，
他以後必成**帝王**。

《舊唐書·卷一》：「有史世良者，善相人，謂高祖曰：『公骨法非常，必為人主。』」

長大後的李淵喵**入朝當官**，

崔瑞德《劍橋中國隋唐史》：
「隋王朝執掌政柄後，李淵備受隋文帝的恩寵，而他與文獻皇后的近親關係又使他能官居高位。」

從中央當到**地方**，

崔瑞德《劍橋中國隋唐史》：
「李淵於公元五八一年開始做文帝的侍衛——千牛備身，後來陸續做過畿輔地區或中國西北戰略要地的刺史或郡守。」

又從地方當到**中央**，

崔瑞德《劍橋中國隋唐史》：
「在煬帝時期，他仍然做著許多重要的郡的郡守。後來被召還京師，委以殿內少監和其他朝廷要職。」

裡裡外外擔任過很多**要職**。

白壽彝《中國通史》：「隋煬帝第二次征遼時，派李淵往懷遠鎮（今遼寧遼中附近）負責督運。楊玄感起兵反隋，又命李淵往鎮弘化郡兼知關右諸軍事。」

多年的當官經驗，

不僅磨礪了他的**性格**，

軍事科學院《中國軍事通史》：「宦海閱歷豐富，沉穩持重的李淵『素懷濟世之略，有經綸天下之心，接待人倫，不限貴賤，一面相遇，十數年不忘』。」

更讓他收穫了很多**豪傑**。

《舊唐書．卷一》：「高祖歷試中外，素樹恩德，及是結納豪傑，眾多款附。」

然而，太優秀也是有**風險**的！

《舊唐書．卷一九三》：
「端頗知玄象，善相人，說高祖曰：『……天下方亂，能安之者，其在明公（即李淵）……（隋煬帝）切忌諸李，強者先誅，全才既死，明公豈非其次？』」
《資治通鑑．卷一八二》：
「（隋煬）帝以（李）淵相表奇異，又名應圖讖，忌之。」

皇帝……就時時刻刻盯著他……

軍事科學院《中國軍事通史》：
「他（隋煬帝）曾下詔要把李淵由弘化徵至東都，加以控制。」

恰巧當時還流行一句話說**「李氏當為天子」**，

《資治通鑑．卷一八二》：
「會有方士安伽陁言『李氏當為天子』，勸帝（隋煬帝）盡誅海內凡李姓者。」

這讓皇帝更加**疑神疑鬼**……

《舊唐書・卷一》：
「時煬帝多所猜忌，人懷疑懼。」
崔瑞德《劍橋中國隋唐史》：
「由於姓李，李淵自然也受到隋帝的猜疑。」

先後就弄死了幾個**姓李**的大臣。

白壽彝《中國通史》：
「（隋煬帝）又以郕國公李渾名應『李氏當為天子』的讖語，殺了他一家三十二人，因此使得人人自危。」

這樣的情形讓李淵喵也**不敢亂來**……

《舊唐書・卷一》：
「高祖聞之益懼……」

甚至每天喝酒玩樂，
把自己**偽裝**成一個「廢物」。

《舊唐書·卷一》：
「（李淵）因縱酒沉湎，納賄以混其跡焉。」

那麼，李淵喵就要這麼**裝下去**嗎？

沒有！

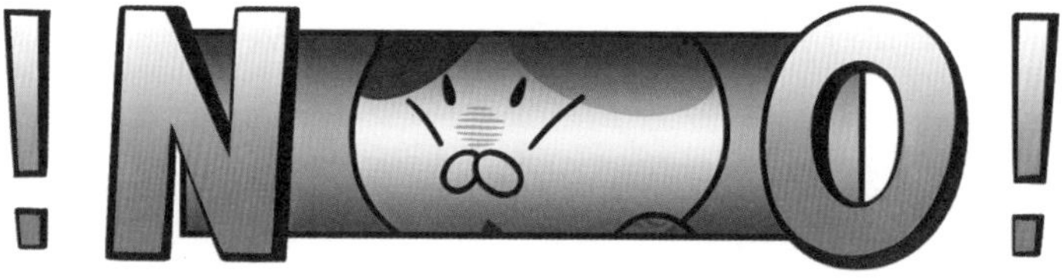

他一直在等待**時機**。

軍事科學院《中國軍事通史》：
「他（李淵）要在農民起義已將隋王朝的封建統治徹底打垮的有利形勢下，醞釀起兵。」

恰逢那時天下開始**動亂**，

朱紹侯《中國古代史》：
「此時，被煬帝暴政所激起的農民起義遍地而起，洶湧澎湃，隋朝的滅亡已成定局，統治集團內部也開始離心離德。」

李淵喵被派往**太原**任職。

朱紹侯《中國古代史》：
「煬帝大業十三年（六一七年）初，李淵官至太原留守，據守北方重鎮。」

太原這個地方不僅是個**戰略要地**，

趙劍敏《細說隋唐》：
「太原是北方的軍事重鎮，為防禦突厥，此地建造了森嚴的深池堅城。」

而且**糧草充足**，

趙劍敏《細說隋唐》：
「（太原）集聚了大批的精兵強將，囤積了充足的糧食軍需。」

簡直就是**「鬧事」**的好地方……

崔瑞德《劍橋中國隋唐史》：
「作為太原留守，他（李淵）有強大的軍事和戰術上的優勢地位，因為他所控制的這個地區在中國歷史上被認為實際上是堅不可摧的，可以很方便地從這裡對長安（隋大興城）和洛陽這些傳統的政治中心發動進攻。」

不過，李淵喵畢竟是個**沉穩**的喵，

白壽彝《中國通史》：
「他（李淵）是一個胸有成竹，老謀深算的政治家。」

要「鬧事」總是要先做好**準備**。

朱紹侯《中國古代史》：
「當上太原留守後，他（李淵）暗中加緊了改朝換代的各項準備。」

他做了**三件事**。

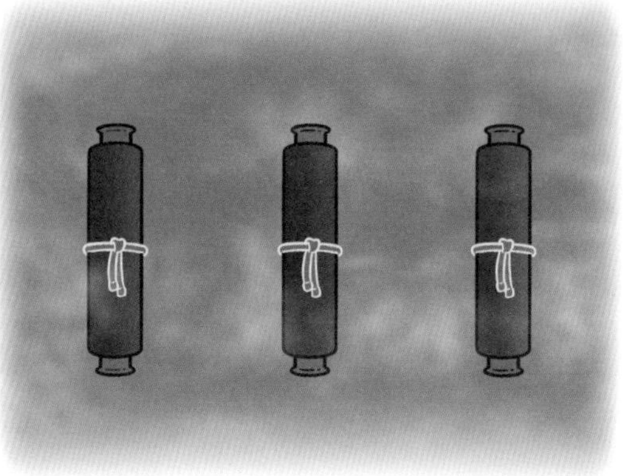

首先是**「製造氣氛」**，

趙克堯、許道勳《唐太宗傳》：「身為太原留守的李淵，雖然重兵在握，但要密謀起義，還必須有一支私自指揮的基幹隊伍。」

李淵喵準備了一封**假的皇令**，

軍事科學院《中國軍事通史》：「李淵命令劉文靜假借隋煬帝的名義，草擬了一道詔書。」

說朝廷要把**20～50歲**的男喵都拉去打仗。

《舊唐書・卷五十七》：
「（李淵）乃命文靜詐為煬帝敕，發太原、西河、雁門、馬邑，人年二十已上、五十已下悉為兵……」

要知道隋朝的**徭役**本身就很重，

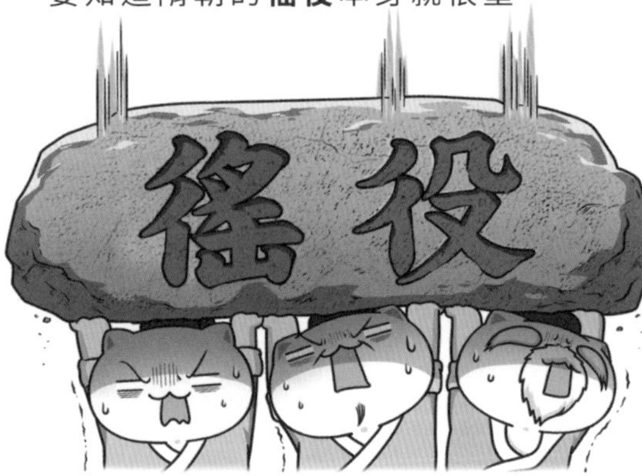

軍事科學院《中國軍事通史》：
「他（隋煬帝）大興土木，營建東都，修築長城，開通運河，徭役不息。」

這一聽，喵民們直接就**炸了！**

《舊唐書・卷五十七》：
「由是人情大擾，思亂者益眾。」

情緒到位，
起義自然就有了基礎。

軍事科學院《中國軍事通史》：
「『由是人情大擾，思亂者益眾。』這就為李淵的招募軍隊和擴充兵源，創造了一個有利的社會環境。」
趙克堯、許道勳《唐太宗傳》：
「（李淵）打著皇帝的合法旗號，名為『伐遼東』，實際上是在鼓動人心，結集隊伍。」

崔瑞德《劍橋中國隋唐史》：
「很明顯，李淵在能率領叛軍前進以前，他必須先解除東突厥人及其盟友進攻他的後方的後顧之憂。」

緊接著是**「穩住後方」**，

太原其實是隋朝的**邊疆地區**，

邊上就是**游牧民族**。

軍事科學院《中國軍事通史》：「就在李淵擔任太原留守不久，晉陽地區的形勢已趨嚴峻，塞北的突厥族正虎視眈眈，時刻準備大舉南侵。」

要安心「鬧事」，
自然得給點好處。

《資治通鑑．卷一八四》：「劉文靜勸李淵與突厥相結，資其士馬以益兵勢。淵從之，自為手啟，卑辭厚禮，遺始畢可汗……」

這樣一來，
後方才有保障。

軍事科學院《中國軍事通史》：「（李淵）甚至不惜向其（突厥）屈辱稱臣，以達到消除後顧之憂的目的。」

最後就是**「除去障礙」**了。

崔瑞德《劍橋中國隋唐史》：「李淵一不做二不休，決定清洗他班子中的不穩分子。」

其實**朝廷**也不傻，

在太原就派了兩個**耳目**過來盯緊李淵喵，

崔瑞德《劍橋中國隋唐史》：「當李淵被任命為太原府留守時，隋煬帝給他指派了兩個副手——王威和高君雅，來協助他，這無疑是為了監視他。」

一心想著**監督**他。

《舊唐書．卷一》：「威、君雅見兵大集，恐高祖為變，相與疑懼……」

可李淵喵是那麼好**對付**的嗎？

軍事科學院《中國軍事通史》：
「李淵知道副留守王威和高君雅是隋煬帝安插在晉陽的兩個心腹耳目，要想順利地舉兵起事，必須要對王、高二人嚴加防範。」

反口就說他倆**勾結外族**。

《大唐創業起居注・卷一》：
「（李淵）命晉陽縣令劉文靜異開陽府司馬劉正會，辭告高君雅、王威等與北蕃私通，引突厥南寇。帝集文武官僚，收威等繫獄。」

可憐的兩個**耳目**就這麼被隨手解決了……

白壽彝《中國通史》：
「李淵藉口高、王二人『潛引突厥入寇』，把他們殺了。」

當一切準備就緒，
李淵喵才**正式**宣佈**起義**。

朱紹侯《中國古代史》：
「同年（六一七年）秋天，認為時機已經成熟的李淵打著廢昏立明、安定隋室的旗號於太原起兵反隋。」
軍事科學院《中國軍事通史》：
「七月五日，李淵親率三萬大軍，齊集軍門，莊嚴誓師。接著，遂浩浩蕩蕩從晉陽南下……於是，李淵晉陽起兵就這樣正式拉開了帷幕。」

李氏的命運也從那一刻起**開始改寫**。

而此時隋末的天下，
已經**割據林立**。

軍事科學院《中國軍事通史》：
「隋朝的一些地方將吏也趁機擁兵割據，稱霸一方……在這樣的形勢下，早有反隋之心的太原留守李淵決定起兵奪取天下。」

作為一個剛參賽的**新手**，

李氏要如何**突圍而出**呢？

（且聽下回分解。）

編者按

關於晉陽起兵的主導者，史學界目前尚無統一說法。在很長一段時間內，李淵被迫起兵的看法佔據主流。然而近年來，經過對唐初史料《大唐創業起居注》重新加以研究，汪籛、牛致功、崔瑞德等學者有了新的結論：晉陽起兵應該是李淵主動謀劃的。理由是《大唐創業起居注》的作者溫大雅，在李淵起兵後負責團隊中的文書工作，是李淵起兵的直接目擊者。他的這本書記載了李淵從準備起兵到建唐稱帝的歷史，可信程度相當高。在《大唐創業起居注》中，李淵老謀深算，智勇兼備，且心中早有反隋打算，是一位頗具才能的政治家、軍事家，本篇也採用了這一觀點。

李淵——花卷（飾）

楊廣——煎餅（飾）

參考來源：《舊唐書》、《資治通鑑》、《大唐創業起居注》、白壽彝《中國通史》、范文瀾《中國通史》、軍事科學院《中國軍事通史》、唐長孺《魏晉南北朝隋唐史講義》、崔瑞德《劍橋中國隋唐史》、朱紹侯《中國古代史》、趙克堯和許道勳《唐太宗傳》、趙劍敏《細說隋唐》

附錄

【都是天意】

李淵曾因打了敗仗
被隋煬帝抓了起來，
後來又幸運地被放了。
李淵覺得這是老天在催他
早點起兵反隋。

【三朝國丈】

李淵的外公獨孤信被戲稱為
「天下第一岳父」。
他不僅是出了名的帥，
還有幾個女兒分別是
北周、隋、唐的皇后。

【體有三乳】

據說李淵天生就跟別人不一樣，
不僅出生時滿天紫氣，
還長著三個乳頭。
算命的人說，
他命中注定要成就一番事業。

群喵檔案

花卷小劇場

《假期成果》

《男主角》

花卷

獅子座

生日：8 月 15 日

身高：179 公分

喜歡的音樂：古典樂

喜歡的動物：大貓熊

（花卷擬人介紹）

花卷的車車
Huajuan's Transport

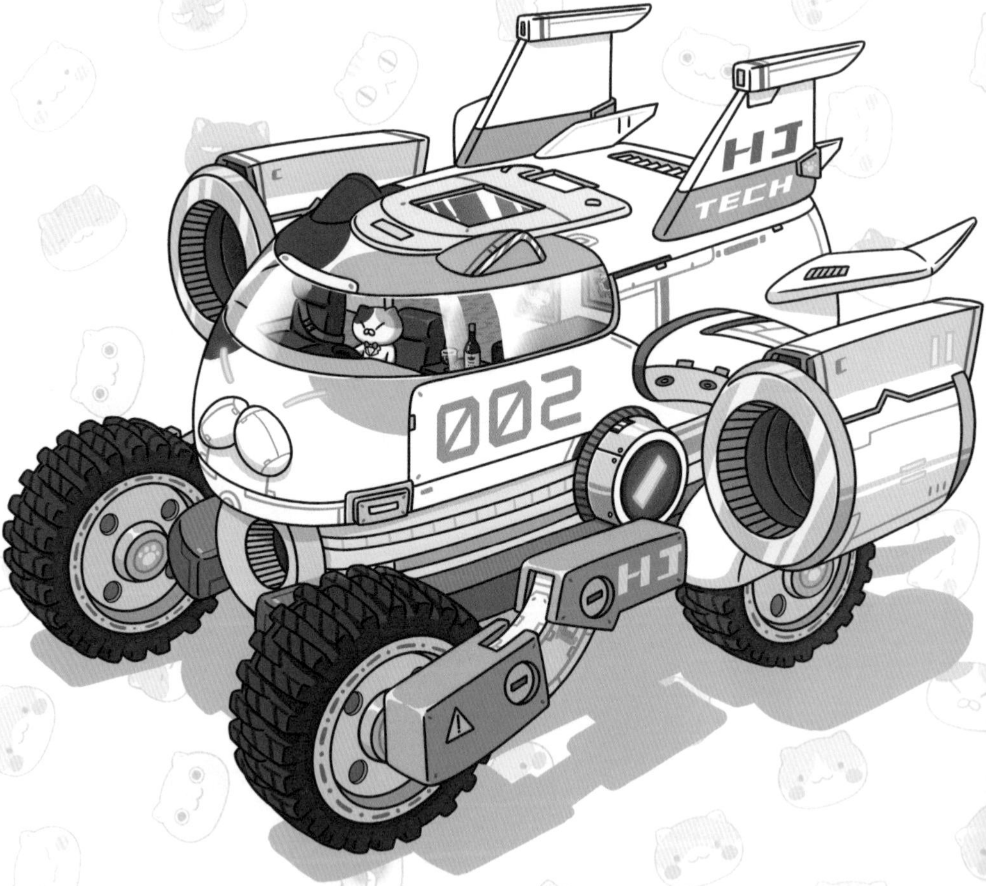

第八十二回 ◉ 李氏崛起

因為連年的**橫徵暴斂**，

《北史·卷十二》：
「（煬帝）驕怒之兵屢動，土木之功不息。頻出朔方，三駕遼左。旌旗萬里，徵稅百端……急令暴賦以擾之，嚴刑峻法以臨之，甲兵威武以董之……」

隋末的天下亂了。

崔瑞德《劍橋中國隋唐史》：
「由於隋煬帝的糜費無度，濫徵徭役……引起了廣大人民和許多隋朝官吏的強烈不滿。群盜蜂起，叛亂很快遍及全國。」

隋煬帝的**「大業」**終究沒有實現，

軍事科學院《中國軍事通史》：
「大業十二年（六一六年），隋朝統治政權，在全國農民起義接連數年的沉重打擊下，已經到了崩潰的邊緣。」

他帶著滿腔**失落與絕望**躲到了南方。

《資治通鑑・卷一八三》：
「大業十二年（六一六年）……
甲子，帝（楊廣）幸江都。」

從此**無心**天下之事……

《隋書・卷七十》：
「（大業十二年）煬帝魂褫氣懾，望絕兩京，謀竄身於江湖，襲永嘉之舊跡。」

與此同時，全國已經**狼煙四起**，

朱紹侯《中國古代史》：
「隋末農民起義如星火燎原，燃遍了全國各地。據不完全統計，農民起義前後共爆發一百二十餘次之多。」

各路勢力紛紛**起兵倒隋**。

袁剛《隋煬帝傳》：
「在隋煬帝逃竄江都之時，全國範圍內的民眾起義已方興未艾，不僅有農民起義，還有地主起兵。」

而這之中，有一支**新興力量**迅速崛起，

唐長孺《魏晉南北朝隋唐史講義》：
「隋煬帝派他鎮守太原……他看到隋朝不行了，就於六一七年在太原起兵。」
《新唐書・卷一》：
「乃募兵，旬日間得眾一萬……誓眾於野，有兵三萬……」

這就是**李淵喵**帶領的李氏集團。

軍事科學院《中國軍事通史》：
「大業十三年（六一七年）五月，李淵父子殺死太原副留守王威及高君雅等人，揭起反隋大旗。」

李氏起義**比較晚**，

張豈之《中國歷史．隋唐遼宋金卷》：「隋煬帝失去了控制局勢的能力，隋朝滅亡已成定局，李淵才不失時機地在大業十三年（六一七年）五月……在晉陽起兵。」

在當時的情況下，

國內已經有**大軍閥**存在，

朱紹侯《中國古代史》：「各地義軍逐漸匯合，終於在六一七年前後形成三支主要力量：一為翟讓、李密領導的瓦崗軍，二為竇建德領導的河北義軍，三為杜伏威、輔公祏領導的江淮義軍。」「在隋朝滅亡前夕，一些地主官僚紛紛組織武裝起事，主要有……朔方的梁師都、馬邑（山西朔縣）的劉武周……」

再加上邊境的**突厥**，

傅樂成《中國通史》：「次年（六一七年），突厥來侵，李淵遣軍拒之……當時突厥雄踞塞外，北方群雄多恃為外援。」

要在這裡面成功崛起，
那是相當**困難啊**……

張豈之《中國歷史・隋唐遼宋金卷》：「（李淵）背後有控弦數十萬的突厥虎視眈眈，左掖有瓦崗軍近在洛陽，不處理好這兩個方向的戰略關係，會三面受敵。」

於是乎他決定**「認慫*」**，

* 認慫：低頭、裝孬之意

不僅給突厥**送禮**，

《資治通鑑・卷一八四》：「義寧元年（六一七年）……劉文靜勸李淵與突厥相結，資其士馬以益兵勢。淵從之，自為手啟，卑辭厚禮，遺始畢可汗云：『……若但和親，坐受寶貨，亦唯可汗所擇。』」

還認起義軍當**大哥**。

《舊唐書・卷五十三》：
「（李淵）令記室溫大雅作書報密曰：『……天生烝民，必有司牧，當今為牧，非子而誰？老夫年餘知命，願不及此，欣戴大弟，攀鱗附翼。』」

反正**潛臺詞**就是……

李淵喵的**隱忍**，
為李氏集團爭取了**穩定**的客觀環境。

《大唐創業起居注・卷一》：
「始畢得書，大喜，其部達官等曰：『……天將以太原與唐公，必當平定天下。不如從之，以求寶物……』當日，即以此意作書報帝（李淵）。」
《大唐創業起居注・卷二》：
「密得帝書甚悅，示其部下曰：『唐公見推，天下不足定也。』遂注意東都，無心外略。」

可困難的……

卻**不僅**在身後……

在他面前也有**大障礙**！

《大唐創業起居注．卷一》：「太原遼山縣令高斌廉拒不從命，仍遣使間行往江都，奏帝主兵。煬帝惡李氏據有太原，聞而甚懼。乃敕東都西京，嚴為備禦。」

李淵喵的**目標**很清晰，

就是**首都長安**！

《大唐創業起居注．卷二》：「義師欲西入關，移營於武德南。癸丑，將引帝立軍門，仗白旗而大號誓眾，文曰：『……今便興甲晉陽，奉尊代邸，掃定咸洛……』」

可此時的朝廷已經派出兩路**重兵**，

《大唐創業起居注・卷二》：「西京留守代王，遣驍將獸牙郎將宋老生，率精兵二萬拒守（霍邑）。又遣左武侯大將軍屈突通，將遼東兵及驍果等數萬餘人據河東，與老生相影響。」

守著**兩個關卡**，

牢牢地**擋住**了通往長安的路。

《大唐創業起居注・卷二》：「去霍邑五十餘里，此縣西北抗汾水，東拒霍太山，守險之衝，是為襟帶。」

《舊唐書・卷一》：「隋驍衛大將軍屈突通鎮河東，津梁斷絕，關中向義者頗以為阻。」

面對這樣的情況，李淵喵要**怎辦呢？**

軍事科學院《中國軍事通史》：「虎牙郎將宋老生率精兵兩萬屯駐於此，和防衛河東郡的隋左武侯大將軍屈突通構成犄角之勢，阻擊李淵。」

他在**發愁**……

因為還沒開打就遇到了**連綿大雨**……

白壽彝《中國通史》：
「（六一七年）淵軍行至賈胡堡……這時正值秋雨連綿，道路泥濘……」

淋得大家**寸步難行**……

白壽彝《中國通史》：
「……淵軍不得前進。」

而且**糧食**也開始吃緊了。

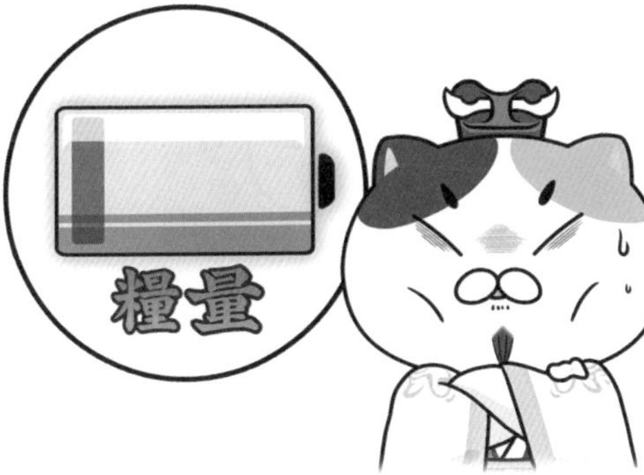

《資治通鑑・卷一八四》：
「義寧元年（六一七年）……
壬戌，（淵）軍賈胡堡……
雨久不止，淵軍中糧乏。」

最**要命**的是，
後方還傳來了**突厥**要背後捅刀的傳言，

《大唐創業起居注・卷二》：
「劉文靜之使蕃也來遲，而突
厥兵馬未至，時有流言者云：
『突厥欲與武周南人（入），
乘虛掩襲太原。』」

簡直不知該**前進好**還是**撤退好**。

軍事科學院《中國軍事通史》：
「宋老生與屈突通犄角據險，
短期內難以猝拔。劉武周與突
厥相互勾結，將對太原構成嚴
重威脅。」

於是臣子們分成了**兩派**。

一派認為趕緊**撤**，

白壽彝《中國通史》：「裴寂等主張『還救根本，更圖後舉』。」

不然等會兒**突厥**打進來，
老家都**回不去**。

《資治通鑑．卷一八四》：「裴寂等皆曰：『……突厥貪而無信，唯利是視。武周，事胡者也。太原一方都會，且義兵家屬在焉，不如還救根本，更圖後舉。』」

而**另一派**則認為，必須**攻**！

白壽彝《中國通史》：
「建成、世民則力主進軍。」

因為如果在這個時候**退縮**，
士氣一定會**崩潰**！

《舊唐書・卷二》：
「（李世民）曰：『本興大義以救蒼生，當須先入咸陽，號令天下；遇小敵即班師，將恐從義之徒一朝解體。』」

更何況一退，**前面**打過來，
突厥也打過來，

《資治通鑑・卷一八四》：
「世民曰：『今兵以義動，進戰則克，退還則散；眾散於前，敵乘於後，死亡無日……』」

那不是**渣都不剩？**

《大唐創業起居注・卷二》：「（大郎、二郎）對曰：『今若卻還……還無所入，往無所之。畏溺先沉，近於斯矣。』」

真讓喵**糾結**啊……

然而經過一天糾結，

李淵喵還是決定……

白壽彝《中國通史》：「李淵經過了慎重的考慮，終於做出了繼續進軍的決定。」

戰爭正式開始！

軍事科學院《中國軍事通史》：
「（六一七年）八月一日，雲收雨霽。第二天，李淵命令士兵晾曬行裝鎧仗。八月三日，大軍沿霍山西麓向霍邑挺進。」

第一關將領因為是個**暴脾氣**，

隋
SUI
Player1
VS
李
LI
Player2

《大唐創業起居注．卷二》：
「（大郎、二郎）對曰：『老生輕躁，破之不疑……老生出自寒微，勇而無智……』」

李淵喵就故意**挑釁**他。

蠢貨!!
四肢發達!!
頭大無腦!!

《資治通鑑．卷一八四》：
「義寧元年（六一七年）……淵與數百騎先至霍邑城東數里以待步兵，使建成、世民將數十騎至城下，舉鞭指麾，若將圍城之狀，且詬之。」

這一激就出來……

走！幹掉他們！
啊！
啊！

《資治通鑑．卷一八四》：
「老生怒，引兵三萬自東門、南門分道而出……」

直接被**埋伏**了！

得逞

《資治通鑑．卷一八四》：
「淵乃與建成陳於城東，世民陳於城南。淵、建成戰小卻，世民與軍頭臨淄段志玄自南原引兵馳下，衝老生陳，出其背……老生兵大敗……」

第二關將領則是個**倔脾氣**，

隋
SUI
Player1
VS
李
LI
Player2
老子打死都不出去！

《資治通鑑．卷一八四》：
「戊午，淵帥諸軍圍河東，屈突通嬰城自守。」

所謂**兵貴神速**，

《資治通鑑・卷一八四》：
「李世民曰：『不然。兵貴神速，吾席累勝之威，撫歸附之眾，鼓行而西，長安之人望風震駭，智不及謀，勇不及斷，取之若振槁葉耳……』淵兩從之……」

李淵喵乾脆**兵分兩路**，

一邊拖著他，

王仲犖《隋唐五代史》：
「（李淵）為了避免攻堅，只以少數兵力牽制屈突通的河東守軍。」

一邊繞過去直接衝向**目的地**。

《資治通鑑・卷一八四》：
「義寧元年（六一七年）……時河東未下，三輔豪傑至者日以千數。淵欲引兵西趣長安……留諸將圍河東，自引軍而西。」

等他回過神時……

仗已經**打完了**。

《資治通鑑．卷一八四》：

「屈突通聞淵西入，署鷹揚郎將湯陽堯君素領河東通守，使守蒲阪，自引兵數萬趣長安，為劉文靜所遏……十月，辛巳，淵至長安，營於春明門之西北……」

就這樣，**李氏**集團正式**攻下**隋朝**國都**，

《資治通鑑．卷一八四》：

「義寧元年（六一七年）……甲辰，李淵命諸攻城……十一月，丙辰，軍頭雷永吉先登，遂克長安。」

並且挾持了隋煬帝的**孫子**，

王仲犖《隋唐五代史》：

「隋煬帝太子昭早死。昭有三子，長燕王倓，次越王侗，次代王侑。」

《資治通鑑．卷一八四》：

「代王在東宮，左右奔散……淵迎王於東宮……」

將其立為**新皇帝**。

《資治通鑑．卷一八四》：
「義寧元年（六一七年）……李淵備法駕迎代王即皇帝位於天興殿……」

而在南邊的**隋煬帝**呢，

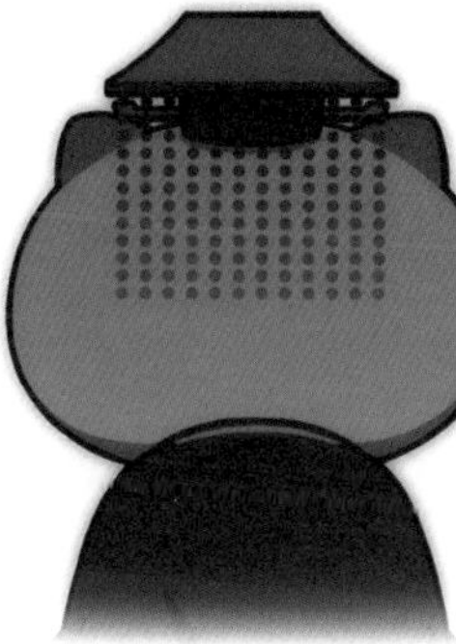

軍事科學院《中國軍事通史》：
「大業十二年（六一六年）七月，隋煬帝自東京洛陽到江都。」

宣佈他**退休**……

《隋書．卷四》：
「（隋大業）十三年（六一七年）……十一月丙辰，唐公（李淵）入京師。辛酉，遙尊帝（楊廣）為太上皇，立代王侑為帝，改元義寧。」
崔瑞德《劍橋中國隋唐史》：
「早已逃往南都——即長江岸上的江都——的隋煬帝則被上了一個太上皇的虛銜。」

李淵喵則進階為**唐王**。

《資治通鑑・卷一八四》：
「義寧元年（六一七年）……甲子，淵自長樂宮入長安。以淵為假黃鉞、使持節、大都督內外諸軍事、尚書令、大丞相，進封唐王。」

從此整個關中地帶，
成為了**李氏**的**勢力範圍**，

唐長孺《魏晉南北朝隋唐史講義》：
「（李淵）進入關中，佔領了長安。長安是周、隋首都，政治上有很大影響，關中又是府兵所聚，又有充實的倉庫……迅速鞏固他在關中的統治。」

隋政權**名存實亡**。

朱紹侯《中國古代史》：
「楊侑為傀儡皇帝……（李淵）都督內外諸軍事，掌握實權。」

然而，此時的天下仍**軍閥割據**，

唐長孺《魏晉南北朝隋唐史講義》：「這時（六一八年）的局面是：王世充佔領了河南，竇建德佔領了河北，李淵佔領了關中，杜伏威在江南。」

佔領了關中要地的李氏集團，

將如何**掃蕩天下**呢？

（且聽下回分解。）

編者按

在隋末的眾多起義軍中，李淵的發展是最為迅速的，七月起兵，十一月就佔領了隋都長安。李淵的迅速崛起，主觀上是因為他能夠把握好時機，制定正確的策略，積極招攬人才。客觀上則是因為他所駐守的太原乃軍事重鎮，軍力強大、物資豐厚，並且關中防守虛弱。於是李淵在「天時地利人和」的條件下迅速出擊，成為雄踞關中的一大勢力。長安是周、隋的國都，關中又是隋政權兵糧重心地區，佔據此地的李淵不僅在政治上處於優勢地位，實力也比其他勢力更為強大。進據關中後，李淵鑑於楊廣暴政制定了一系列安撫民心的措施，獲得人民群眾的廣泛支持，李唐的千古基業也將由此開始。

李淵──花卷（飾）　　楊廣──煎餅（飾）

參考來源：《北史》、《隋書》、《舊唐書》、《新唐書》、《資治通鑑》、《大唐創業起居注》、袁剛《隋煬帝傳》、白壽彝《中國通史》、傅樂成《中國通史》、王仲舉《隋唐五代史》、朱紹侯《中國古代史》、崔瑞德《劍橋中國隋唐史》、軍事科學院《中國軍事通史》、唐長孺《魏晉南北朝隋唐史講義》、張豈之《中國歷史．隋唐遼宋金卷》

附錄

【平陽公主】

李淵的女兒平陽公主
是一位巾幗英雄。
她曾招募到七萬多人隨父起義，
立下戰功，
死後也以軍禮下葬。

【祖墳被扒】

李淵起兵讓隋朝上下恨得牙癢癢，
但又拿他沒辦法，
最終只能讓人查出
李淵祖先的墳墓，刨了洩憤。

【「天下第一好漢」】

在《隋唐演義》中，
李氏的猛將李元霸
手持擂鼓甕金錘，
打遍天下無敵手。
他的原型是李淵早逝的兒子李玄霸。

一群喵檔案

水餃小劇場

《幫助》

《太可怕了》

水餃

牡羊座

生日：4月1日

身高：177 公分

喜歡的音樂：嘻哈

喜歡的動物：羊駝

（水餃擬人介紹）

水餃的車車
Shuijiao's Transport

第八十三回◉雄鷹展翅

西元618年，

身處南方的**隋煬帝**死於叛亂之中，

傅樂成《中國通史》：
「（隋大業）十四年（義寧二年，六一八）三月……江都的驍果將領司馬德戡、元禮等與朝臣宇文智及（宇文述子）共謀叛變……縊死煬帝於寢殿上。」

從此**隋政權**從實質上滅亡。

軍事科學院《中國軍事通史》：
「楊廣被殺的消息傳到東京洛陽以後……統治僅歷三十八年的隋王朝歸於滅亡。」

各地勢力開始**爭奪天下，**

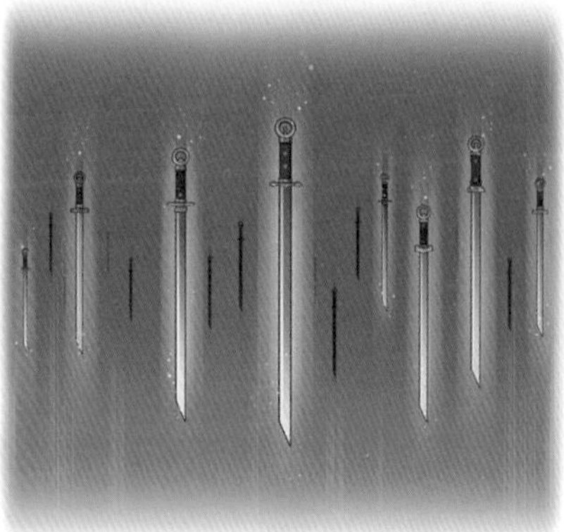

軍事科學院《中國軍事通史》：
「唐朝建立之初……但全國總的形勢仍很複雜嚴峻：軍閥薛舉、薛仁杲父子割據金城，窺視秦隴，不斷東侵；涼州的軍閥李軌自稱天子，擁兵自重，勢力漸盛；馬邑劉武周和朔方（治今陝西靖邊白城子）梁師都等連結突厥，割據北方，虎視眈眈；隋將王世充盤踞洛陽，時刻夢想東山再起。」

經過殘酷的戰鬥，
最後形成了**三股**大勢力，

分別是**李**、**王**、**竇**三家。

《資治通鑑．卷一八八》：
「建德中書侍郎劉彬說建德曰：『天下大亂，唐得關西，鄭得河南，夏得河北，共成鼎足之勢……』」

李家控制了西北和山西大部分地區，

朱紹侯《中國古代史》：
「唐立國之時，關中之地已盡為其所有。為鞏固關中根據地，唐朝將統一戰爭的矛頭首先對準了當時割據金城（甘肅蘭州）的薛舉、薛仁杲。割據武威（甘肅武威）的李軌和割據馬邑（山西朔州）的劉武周……三大割據勢力的被消滅，基本解除了西北、東北方向對關中根據地的威脅，並使秦晉之地連為一片。」

王家佔據了河南，

軍事科學院《中國軍事通史》：
「隋將王世充……佔有了河南大多州縣，成為中原地區最為強大的一個政治集團。」

竇家則佔據河北。

范文瀾《中國通史》：
「竇建德自稱夏國王……幽州以南唐州縣都已被竇建德奪去，夏成為河北地區的大國。」

這三家的**爭霸**決定著**天下**的走向。

崔瑞德《劍橋中國隋唐史》：
「東北平原—即河北—河南地區—的軍事形勢卻是最後決定唐王朝究竟成為一個地方政權，還是能夠統一全國的因素。」

而在這個**亂局**中，
一個**少年英雄**登上了歷史舞臺。

他，就是**李世民喵！**

《舊唐書・卷六十四》：「高祖二十二男：太穆皇后生隱太子建成及太宗（李世民）……」

世民喵天生**聰慧**，

《舊唐書・卷二》：「太宗幼聰睿，玄鑒深遠，臨機果斷，不拘小節，時人莫能測也。」

不僅從小學習**戰鬥**，

白壽彝《中國通史》：
「李世民生長在軍事貴族家庭，從小就嫻習武藝。」

《李衛公問對·卷中》：
「太宗（李世民）曰：『朕觀諸兵書，無出孫武……』」

還研究**兵法**。

十八歲的時候，
已經是父親的**得力**助手。

《舊唐書·卷二》：
「及高祖（李淵）之守太原，太宗（李世民）時年十八。有高陽賊帥魏刀兒，自號歷山飛。來攻太原，高祖擊之，深入賊陣。太宗以輕騎突圍而進，射之，所向皆披靡，拔高祖於萬眾之中。」

在李氏一族的崛起中，
世民喵展示了**超群的才能**，

李

白壽彝《中國通史》：
「李淵由晉陽進軍關中的過程中，李世民統軍作戰，一直發揮著重要的作用。」

起事前搞**招聘**，

哥們兒有興趣來我們李家嗎？

趙克堯、許道勳《唐太宗傳》：
「他（李世民）年輕有為，無所畏懼，善於募兵，擅長計謀，交結和收羅了不少英豪人物。」

做**公關**，

俺李家謝謝各位！

《舊唐書・卷二》：
「太宗（李世民）潛圖義舉，每折節下士，推財養客，群盜大俠，莫不願效死力。」

起事後定**謀略**，

趙克堯、許道勳《唐太宗傳》：「李世民善於『觀天時人事』，多次地向李淵提出起兵的具體建議，表現了『聰明勇決，識量過人』的才智。」

掐**群架***。

趙克堯、許道勳《唐太宗傳》：「李世民參與晉陽密謀，奮勇有為；起義後率右三軍，治軍嚴明，身先士卒，戰功顯著。」

* 掐架：衝突、打架之意。掐群架，意同打群架。

強悍的他如同**雄鷹**般翱翔於這亂世間。

西元**620年**，

世民喵將李家周圍的**小勢力**逐一消滅，

傅樂成《中國通史》：
「群雄中最先被唐室消滅的，是薛舉和李軌……秦、涼消滅後，唐室開始經略東方，第一個用兵的對象是劉武周。劉於（唐）武德二年（六一九）命將南侵，並引突厥同進……唐以秦王世民拒之，次年，世民大破武周軍於介休（今山西介休縣），遂復並州。」

隨後便開始發動對**王、竇兩家**的統一戰爭。

趙克堯、許道勳《唐太宗傳》：
「（李世民的）第三次大戰役，是對王世充包括竇建德的戰爭。」

王家老大**世充喵**，

喵品不怎樣，

軍事科學院《中國軍事通史》：
「世充『器度淺狹而多妄語，好為咒誓』，又『性猜忌，喜信讒言』。」

不僅對**下屬**不好，

說！是不是想背叛我？
沒有啊！

《資治通鑑．卷一八八》：
「（王世充）又以宮城為大獄，意所忌者，並其家屬收繫宮中；諸將出討，亦質其家屬於宮中……」

對**百姓**也不好。

《資治通鑑．卷一八八》：
「世充乃峻其法，一人亡叛，舉家無少長就戮，父子、兄弟、夫婦許相告而免之。又使五家為保，有舉家亡者，四鄰不覺，皆坐誅。」

讓你們跑，都給我死！
啊—

所以他那邊的喵就一批又一批地往**李家**跑。

軍事科學院《中國軍事通史》：「他（王世充）的將吏多有叛離。如驍將秦叔寶、程知節、李君羨、羅士信、席辯、楊虔安、李君義及盧豆達等先後降唐。」

實力日漸**下降**……

崔瑞德《劍橋中國隋唐史》：「但後來由於他（王世充）自己殘暴不仁的統治和唐軍的壓力不斷加大而引起的內部紛爭，使他不斷失利。」

而且對手還是**世民喵**，

根本搞不定。

汪籛《唐太宗》：

「洛陽的周邊據點大多被唐軍控制了……眼看就要陷落了。」

恰好這時一個**消息**傳了過來，

原來是**竇家**那邊決定伸出**援手**。

《資治通鑑．卷一八八》：

「及唐兵逼洛陽，世充遣使求救於建德……建德從之，遣使詣世充，許以赴援。」

竇家很清楚，

老王家要是被**打趴了**……

軍事科學院《中國軍事通史》：「當唐軍節節勝利，世充連連敗北，丟失了河南多數州縣，只孤守洛陽一城，覆亡已成定局之時，竇建德這才感到『齒寒之憂』。」

自己也**危險**……

《資治通鑑．卷一八八》：「建德中書侍郎劉彬說建德曰：『……唐強鄭弱，勢必不支。鄭亡，則夏不能獨立矣……』」

於是乎他放出信號，

決定**聯手**老王家把世民喵**逼退**。

范文瀾《中國通史》：「竇建德想和王世充合力擊敗唐兵。」

那麼這場仗該**怎麼打呢？**

世民喵直接**兵分兩路，**
一邊堵著老王家不給他出來，

《資治通鑑．卷一八九》：
「（李世民）使通等副齊王元吉圍守東都……」

自己則帶著部隊過去找竇家**算帳**。

《資治通鑑．卷一八九》：
「……世民將驍勇三千五百人東趣武牢。」

這就是著名的**虎牢關之戰**。

趙克堯、許道勳《唐太宗傳》：
「他（李世民）自己率精騎三千五百餘，直奔武牢……於是，著名的虎牢之戰發生了。」

竇家雖然**來勢洶洶**，

《舊唐書．卷五十四》：
「（唐武德）四年（六二一年）二月，建德克周橋，虜海公，留其將范願守曹州，悉發海公及徐圓朗之眾來救世充……合眾十餘萬，號為三十萬，軍次成皋，築宮於板渚，以示必戰。」

可惜遇到的，
可是世民喵這麼個**「神對手」**。

上來就被**小揍**了一頓……

《資治通鑑‧卷一八九》：
「癸未，世民入武牢；甲申，將驍騎五百，出武牢東二十餘里，覘建德之營……世民逡巡稍卻以誘之，入於伏內，世績等奮擊，大破之，斬首三百餘級，獲其驍將殷秋、石瓚以歸。」

士氣瞬間受挫。

《資治通鑑‧卷一八九》：
「竇建德迫於武牢不得進，留屯累月，戰數不利，將士思歸。」

且在這後面的**兩個月**裡，
竇家軍也基本**沒打得過**世民喵，

趙克堯、許道勳《唐太宗傳》：
「武德四年三月，李世民軍至武牢……四月，建德軍隊數戰不利……五月一日，李世民渡河，牧馬於河北。」

相反世民喵還老是跑過去騷擾他們的**運糧通道**。

《舊唐書．卷五十四》：
「秦王（李世民）遣將軍王君廓領輕騎千餘抄其糧運……」

這讓竇家老大很**焦躁**啊……

於是乎！他決定**放手一搏！**

軍事科學院《中國軍事通史》：「建德在眾將的慫恿下，決定『進逼虎牢』……竇建德將乘唐軍飼料用盡，在黃河北岸牧馬之際，襲擊虎牢。」

大軍呼啦啦地衝了出來，打算**決戰**。

《舊唐書·卷二》：「詰朝，建德果悉眾而至，陳兵汜水……」

可世民喵呢，

懶得理他們……

軍事科學院《中國軍事通史》：「他（李世民）一面嚴陣以待，儘管建德多次派兵挑戰，他拒不出擊。」

竇家軍就這麼從**上午**等到**中午**……

《資治通鑑・卷一八九》：「建德列陳，自辰至午……」

在他們快要**崩潰**的時候，

《資治通鑑・卷一八九》：「士卒饑倦，皆坐列，又爭飲水，逡巡欲退。」

世民喵**出擊了！**

趙克堯、許道勳《唐太宗傳》：「建德軍隊士卒饑倦，互爭飲水，席地而坐，已無鬥志。李世民看準戰機，下令攻擊。」

他帶頭就衝進敵軍**大本營**，

軍事科學院《中國軍事通史》：「世民立即下令唐軍全線出擊。他親率輕騎首先衝出，唐軍主力緊隨其後，東渡汜水，直向夏軍陣前殺來。」

竇家老大還沒**反應**過來，

《資治通鑑．卷一八九》：「建德群臣方朝謁，唐騎猝來，朝臣趨就建德，建德召騎兵使拒唐兵，騎兵阻朝臣不得過，建德揮朝臣令卻，進退之間，唐兵已至，建德窘迫，退依東陂。」

就被**抓**了……

軍事科學院《中國軍事通史》：「竇建德身中數創，逃至牛口渚，被唐將俘獲。」

從此竇家勢力被世民喵**瓦解**。

軍事科學院《中國軍事通史》：「夏軍見主帥被擒，相繼投降的有五萬多人……虎牢之戰就這樣以唐軍的勝利和夏軍的失敗而告終。」

而在另一邊**等救援**的老王家呢，

已經被圍得**山窮水盡**。

軍事科學院《中國軍事通史》：
「虎牢決戰結束後，李世民率得勝之師回到洛陽城下，繼續圍攻王世充……王世充守將紛紛投降。」

盼星星盼月亮終於把竇家**盼來了**，

只不過……是**被綁**著來的……

《資治通鑑・卷一八九》：
「秦王世民囚竇建德、王琬、長孫安世、郭士衡等至洛陽城下，以示世充。世充與建德語而泣……」

也只能**投降**了。

《資治通鑑．卷一八九》：「丙寅，世充素服帥其太子、郡臣、二千餘人詣軍門降。」

經過這次戰役，

天下**再無**可以阻擋李氏的**大勢力**，

軍事科學院《中國軍事通史》：「因為王世充和竇建德是當時兩個最有實力的政治集團，他們的相繼覆滅，不僅使唐朝佔有了富庶的關東地區，增強了經濟實力，而且殲滅了兩個最為棘手的競爭對象。」

其他**小勢力**也在隨後幾年被**掃蕩乾淨**。

軍事科學院《中國軍事通史》：「唐軍又相繼出兵江南，先後進行了平定割據江陵（今屬湖北荊州）的軍閥蕭銑，擊敗江西的林士弘，鎮壓江淮輔公祏和河北劉黑闥等農民起義軍的反唐鬥爭，從而取得了統一戰爭的全面勝利。」

長達十多年的**割據**局面宣佈**結束**，

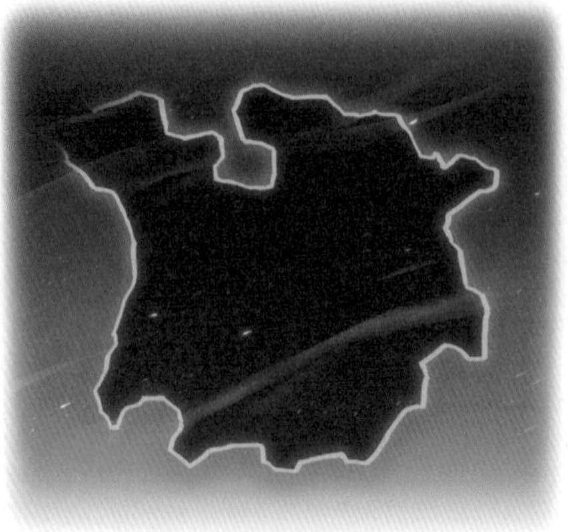

軍事科學院《中國軍事通史》：「李唐王朝取得統一戰爭的最後勝利……結束了自隋末以來長達十多年的分裂割據的混亂局面。」

華夏大地重新**統一**到一個政權下。

這就是**大唐**。

趙克堯、許道勳《唐太宗傳》：「經過七年的統一戰爭，先後凡六大戰役，唐王朝才重新統一中國，建成了龐大的中央集權的專制主義的封建國家。」

大唐的統一代表著**新朝代**的開始，

而作為**開國元勳**的世民喵，
命運又會如何呢？

趙克堯、許道勳《唐太宗傳》：
「在唐初統一戰爭中作出了最重要的貢獻，建立了特殊的功勳，則沒有人可與之（李世民）相匹敵了。」

（且看下回分解。）

編者按

隨著隋朝的覆滅，天下再次進入一個軍閥割據的時代。各路豪傑紛紛起兵圖謀霸業，而擁有李世民的李唐集團無疑是其中的佼佼者。《毛澤東讀文史古籍批語集》評價李世民「自古能軍無出李世民之右者」，可見其軍事才能的出眾。李世民身為唐軍統帥，既能靈活地制定戰略，又能準確地抓住戰機，在戰場上還能身先士卒、深入敵陣。在這樣一個軍事天才的帶領下，李唐最終成為了這場逐王之戰的勝利者，最終開啟了一個新朝代—唐。作為一個新生的皇朝，李唐不僅用七年的統一戰爭結束了亂世，而且從一開始就獲得了比隋朝極盛時期更大的疆土。它是當時世界上幅員最為遼闊的封建帝國，也一舉奠定了我國封建社會後期疆域的基本範圍。

李世民——瓜子（飾）

參考來源：《舊唐書》、《資治通鑑》、《李衛公問對》、傅樂成《中國通史》、范文瀾《中國通史》、白壽彝《中國通史》、朱紹侯《中國古代史》、軍事科學院《中國軍事通史》、崔瑞德《劍橋中國隋唐史》、汪籛《唐太宗》、趙克堯和許道勳《唐太宗傳》

附錄

【濟世安民】

李世民四歲時，
曾有個書生說他是龍鳳之資，
以後肯定能濟世安民，
於是他爹才給他取了
「李世民」這個名字。

【竇王廟】

雖然輸了，
但竇家老大竇建德的名聲很好。
他常把財物分給將士，
自己卻生活簡樸，
有人為此還修廟紀念他。

【昭陵六駿】

李世民曾命人在石壁上
刻下他心愛的六匹戰馬：
拳毛騧、什伐赤、白蹄烏、
特勒驃、青騅和颯露紫。
人稱「昭陵六駿」。

百群喵檔案

瓜子小劇場

《河神 1》

一天，瓜子路過河邊，不小心把斧頭掉進河裡。
第二天，瓜子路過河邊，瓜子又掉了一把斧頭。
第三天，瓜子再次路過河邊，斧子還是掉了。
你到底有完沒完啊！

《河神 2》

今年行情實在太差，根本沒辦法拿出金銀斧頭。
呀！你別傷心，我來幫你。
嗯？
呃……
來來來！河神顯靈！想問姻緣、學業、前程，通通可以！
五塊錢一次！第二次半價！
向河神許願
五元一次！！

瓜子

金牛座

生日：5 月 3 日

身高：180 公分

喜歡的音樂：民謠

喜歡的動物：狼

（瓜子擬人介紹）

瓜子的車車
Guazi's Transport

第八十四回 ◉ 喋血禁門

經過了七年的**紛爭**，

軍事科學院《中國軍事通史》：
「以李淵為首的關隴貴族集團於（隋）大業十三年（六一七年）七月從晉陽起兵……到（唐）武德七年（六二四年）平定江淮輔公祏的起兵反唐，僅用六七年時間，即取得了統一戰爭的基本勝利。」

李氏一族最終統一天下，
建立了**唐朝**。

白壽彝《中國通史》：
「武德七年……唐廷基本上削平了隋末以來分裂割據的局面，實現了全國的統一。」

而在征伐的過程中，
有一個喵起到了**重要作用**。

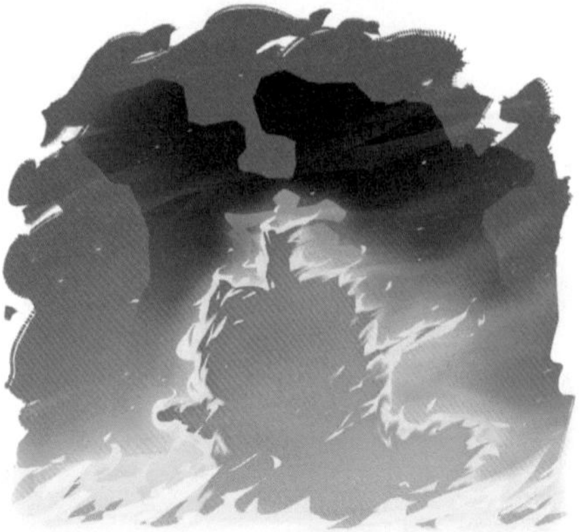

汪錢《唐太宗》：
「在唐的統一全國過程中，幾乎在黃河流域進行的具有決定性意義的戰爭，都是他負責指揮的。」

他，就是皇子**世民喵！**

王仲舉《隋唐五代史》：
「隋義寧二年（六一八年）三月……李淵廢黜了楊侑，自己做了皇帝，國號唐，是為唐高祖。」
《舊唐書・卷二》：
「世民，高祖（李淵）第二子也……」

作為李氏一族的**軍事統帥，**

白壽彝《中國通史》：
「武德元年（六一八），高祖即位，世民為尚書令、右翊衛大將軍，進封秦王。以擊潰隴右的薛舉集團的功勳，拜右武侯大將軍……世民旋即率軍東征……」

世民喵基本靠**一己之力**就**幹掉**了所有**割據力量，**

《舊唐書・卷六十》：
「自大業末，群雄競起，皆為太宗（李世民）所平……」

可以說，是作為皇帝**合適**的**繼承者**。

《舊唐書‧卷六十》：
「謀臣猛將並在麾下，罕有別立勳庸者……」

可是呢……

他只是個**老二**。

傅樂成《中國通史》：
「高祖的皇后竇氏共生四子，即建成、世民、玄霸、元吉。」

按照**規矩**，

皇位的**繼承者**只能是**嫡長子**，

《資治通鑑・卷一九一》：
「臣光曰：『立嫡以長，禮之正也。』」

也就是他的**大哥**。

《舊唐書・卷六十四》：
「隱太子建成，高祖長子也。」

自李家出來**打天下**開始，

世民喵和大哥就各自**獨當一面**。

趙克堯、許道勳《唐太宗傳》：
「從晉陽起兵到唐朝建立……建成與世民共同首戰西河，分別統率左、右三軍，緊密配合，直取長安。」

大哥的**才能**也是很**不錯**的，

汪籛《唐太宗》：
「李建成為人寬簡，仁厚，很有政治才幹，也有軍事才能。他輔助李淵處理政務，穩定後方，支援前線，起過巨大的作用。」

基本上**父親在外**時，
他就承擔了**家長**的職能。

《新唐書．卷七十九》：
「隋末，高祖被詔捕賊汾、晉間，留建成護家，居河東。」

在**起義初期**，
更是與世民喵一起**掃除**了不少**障礙**。

黃永年《唐史十二講》：
「李淵太原起兵後一直讓建成、世民共同充當統帥，直到正式稱帝為止，其間建成、世民都完成了任務。」

到**李唐政權**建立後，

大哥喵便順理成章地**成為**了**太子**。

《舊唐書・卷六十四》：「武德元年，立（李建成）為皇太子。」

太子是**未來的皇帝**，

《漢語大辭典》：「太子：已確定繼承帝位或王位的帝王的兒子。」

所以從那時起，大哥喵便**鎮守京都**。

趙克堯、許道勳《唐太宗傳》：「建成是皇太子，每當李淵外出時，總是由他留守京師。」

王仲犖《隋唐五代史》：「按照中國古代的禮制，太子是不將兵的，所謂『君之嗣適（嫡），不可以帥師』。（《左傳》閔公二年）」

而作為二皇子的**世民喵**則主持**對外征伐**。

趙克堯、許道勳《唐太宗傳》：「就在立皇太子和封秦王、齊王的同時（武德元年六月），薛舉發動進攻，秦王世民作為『元帥』，率軍抗擊去了，而建成則在京城協助父親處理政務。」

隨著統一**戰爭**的**推進**，

世民喵的**軍功**不斷**增加**，

趙克堯、許道勳《唐太宗傳》：「武德三年（六二〇年），李世民平定劉武周，收復並、汾舊地。接著，武德四年（六二一年）又消滅了竇建德與王世充兩大勢力……由於唐初統一戰爭業已取得決定性的勝利，秦王世民威望驟增。」

甚至**獲得**了**「天策上將」** 的無上軍銜。

《舊唐書．卷二》：「六月，凱旋……高祖以自古舊官不稱殊功，乃別表徽號，用旌勳德……十月，加號天策上將、陝東道大行台，位在王公上。」

而大哥喵則因為**身居長安**，

威名慢慢**不及**世民喵……

《資治通鑑．卷一九〇》：
「太子中允王珪、洗馬魏徵說太子曰：『秦王功蓋天下，中外歸心；殿下但以年長位居東宮，無大功以鎮服海內。』」

一個是名正言順的**太子**，

軍事科學院《中國軍事通史》：
「唐朝建立以後，李淵按照『立嫡以長』的立嗣原則，將建成立為太子。」

一個是功勳卓著的**二皇子**。

軍事科學院《中國軍事通史》：
「但從晉陽起兵開始，到剪滅割據群雄和統一全國，李世民功高勢重，威權日盛。」

兄弟之間的**裂痕**開始逐漸**擴大**，

《資治通鑑・卷一八七》：
「太子漸昵近小人，疾秦王世民功高，頗相猜忌……」
汪籛《唐太宗》：
「李世民在唐室進行的統一戰爭中樹立了很大的功勳，並壯大了自己的力量……免不了要產生奪取皇位的貪欲。」

一場**皇位之爭**正式**打響**……

白壽彝《中國通史》：
「隨著李世民威望的提高，與李建成之間便產生了皇位繼承權的鬥爭。」

在當時的情況下，
大哥得到**文臣派**的擁護，

汪籛《唐太宗》：
「在宰相當中，裴寂、封德彝都支持建成……由於裴寂是李淵最寵信的大臣，在外廷中，李建成實際上居於有利的地位。」

而**世民喵**則代表著**武將派**。

杜文玉《從唐初官制看李世民奪位的基本條件》：「由於唐王朝在軍事上對李世民的依賴和其顯赫的戰功，使他在政治、軍事等方面處於一個特殊的地位，在十二衛、十二軍、諸王護軍府等軍事系統中都握有相當的權力。」

世民喵雖然**功勞大，民望足，**

《舊唐書・卷六十四》：「王圭、魏徵謂建成曰：『……而秦王勳業克隆，威震四海，人心所向。』」

但**沒有「正統」**名義的加持，
顯然很**吃力**。

《唐鑒・卷二》：「臣祖禹曰：『建成雖無功，太子也。太宗雖有功，藩王也……立子以長不以功。』」

兄弟倆暗地裡**你來我往**，不斷**出招**。

趙克堯、許道勳《唐太宗傳》：
「以李世民為首的秦府和以李建成為首的東宮之間的明爭暗鬥，構成了武德後期政治舞臺上的主要矛盾，彼此採取種種手段。打擊對方，壯大自己。其影響波及後宮、外廷和地方等三個方面。」

例如**世民喵**就不斷**收買**大哥喵的**手下**，

趙克堯、許道勳《唐太宗傳》：
「李世民也積極地在東宮官屬中進行策反工作，先後把建成手下的將領常何、太子率更丞王晊等拉了過來。」

而**大哥喵**則不斷**拉攏**後宮的**嬪妃**，

《新唐書．卷七十九》：
「建成與元吉通謀，內結妃御以自固。」

反正就是想方設法**擴大**自己的**勢力**。

軍事科學院《中國軍事通史》：「從武德四年（六二一年）全國漸趨平定以後，雙方遂都積極拉攏黨羽，培植私人勢力，進行著日益激烈的明爭暗鬥。」

而正當兩方鬥得火熱時，
一個**關鍵的力量**出現了。

這就是他們的父皇**李淵喵**。

崔瑞德《劍橋中國隋唐史》：「唐高祖曾想法緩和諸子之間日益緊張的關係。他試圖讓李建成和李世民脫離直接接觸，並且曾作過某些微弱而不成功的努力以彌補他們之間的裂痕。」

作為**皇帝**的李淵喵自然還是想**維護正統**，

趙克堯、許道勳《唐太宗傳》：
「秦王世民雖然勳業克隆，但是唐高祖並沒有改變『立嫡以長』的原則。」

於是乎，**大哥**這邊瞬間**得到加持**，

黃永年《唐史十二講》：
「（李建成）和李世民一樣大搞其結黨營私，擴充東宮、齊府的實力……在京城裡則建成、元吉的實力最後已超過了李世民……建成、元吉這麼做，顯然是得到李淵同意和支持的。」

更是**藉著父皇**的力量，
開始對世民喵**動刀子**。

黃永年《唐史十二講》：
「（李建成）不僅公開取代統帥權，還用公開或秘密的手法來瓦解李世民已經結集的小集團勢力……非出之詔敕不可，很可能本來就是李淵的主意。」

不僅使世民喵**失去**了軍事**統帥**的位置，

黃永年《唐史十二講》：
「武德後期李世民已當不成大戰役的最高統帥，這個重要位置已逐步為建成、元吉取代。」

手底下的**武將**也被**調走**。

《資治通鑑．卷一九一》：
「會突厥郁射設將數萬騎屯河南，入塞，圍烏城，建成薦元吉代世民督諸軍北征……元吉請尉遲敬德、程知節、段志玄及秦府右三統軍秦叔寶等與之偕行，簡閱秦王帳下精銳之士以益元吉軍。」

世民喵突然間**「一窮二白」**……

黃永年《唐史十二講》：
「元吉之奪取秦府精銳也是勢在必行的，李世民眼看就要成為沒有多少實力的空頭皇子。」

權力的**鬥爭**顯然是**殘酷**的，

此時的世民喵已經**無路可選**，

汪籛《唐太宗》：

「李建成向高祖推薦元吉作出征統帥，想藉此把秦王府的精兵……移到自己手裡，然後殺掉李世民。李建成方面的這一密謀被王晊透露給李世民。這已經到了生死關頭了。」

一場血腥的**行動開始**了。

他先是到父皇那兒**告了一狀**，

《新唐書·卷七十九》：「王（李世民）乃密奏建成等與後宮亂，因曰：『臣無負兄弟，今乃欲殺臣……』」

製造了一次**御前召見**，

《新唐書·卷七十九》：「帝（李淵）大驚，報曰：『旦日當窮治，而必早參。』」

然後親自**帶兵埋伏**在城門外……

《資治通鑑·卷一九一》：「庚申，世民帥長孫無忌等入，伏兵於玄武門。」

注：玄武門是唐初皇城太極宮北門之一，也是朝臣、皇子出入太極宮最常用的門。

西元626年的那天**清晨裡**，
大哥如期**到達**皇宮**禁門**前。

《資治通鑑・卷一九一》：
「建成召元吉謀之……乃俱入，趣玄武門。」

這，就是**玄武門**。

隨著一聲**弦響**，

《舊唐書・卷六十四》：
「太宗乃射之……」

冰冷的**箭矢劃破**了血緣的**羈絆**。

大哥喵永遠地**倒在**黎明前的**黑暗中**，

《舊唐書．卷六十四》：
「建成應弦而斃……」

至此，這場**兄弟之爭**宣告**結束**。

皇位繼承權落入**世民喵**手中，

《舊唐書．卷二》：
「（唐武德）九年（六二六年）……
甲子，立（李世民）為皇太子……」

史稱**玄武門之變**。

朱紹侯《中國古代史》：
「武德九年（六二六年）六月四日，李世民先發制人……發動了奪權政變，史稱『玄武門之變』。」

與大哥的**皇位之爭**，
應該是世民喵一生中**最困難**的一關。

陳寅恪《論隋末唐初所謂山東豪傑》：
「武德九年六月四日玄武門事變為太宗一生中最艱苦之奮鬥。」

在不可調和的**矛盾**下，

暴力成了唯一的**解決方法**。

趙克堯、許道勳《唐太宗傳》：「歷代宮廷內『推刃同氣』的事件，屢見不鮮，它們恰恰是封建專制主義包括皇位終身制、繼位嫡長制的必然產物。玄武門之變就是唐初武德年間搶奪皇位繼承權的最後一場公開廝殺。」

那麼成功**取得帝位**的世民喵，

《舊唐書・卷二》：「八月癸亥，高祖傳位於皇太子，太宗即位於東宮顯德殿。」

將如何**治理大唐**這個年輕的國家呢？

（且看下回分解。）

編者按

關於玄武門之變，歷來有兩種觀點，一派如陳寅恪認為李世民是主動為之，「實有奪嫡之圖謀」；另一派則如黃永年提出，此次政變乃是李世民在大哥的步步緊逼下不得不被迫反擊。誠然，李世民有奪位的野心，但從另一個角度出發，當時的他既面臨著以李建成為首的太子集團帶來的壓力，又受到來自屬下的推動：隨著功勞的增加，跟隨李世民平定天下的功臣集團對權力也有更大的欲望，而唯有李世民成為皇帝，他們才能在統治階級中擁有一席之地。於是，太子身後的老臣集團和秦王府的功臣集團之間，勢必鬥個你死我活。武德年間的儲君之爭，不過是這兩個集團角鬥的縮影。李建成和李世民，也注定要鬥到不死不休的結局。

李淵——花卷（飾）　　李世民——瓜子（飾）

參考來源：《唐鑒》、《舊唐書》、《新唐書》、《資治通鑑》、《漢語大辭典》、汪篯《唐太宗》、趙克堯和許道勳《唐太宗傳》、黃永年《唐史十二講》、白壽彝《中國通史》、傅樂成《中國通史》、王仲犖《隋唐五代史》、朱紹侯《中國古代史》、軍事科學院《中國軍事通史》、陳寅恪《論隋末唐初所謂山東豪傑》、杜文玉《從唐初官制看李世民奪位的基本條件》、崔瑞德《劍橋中國隋唐史》

附錄

【四弟元吉】

李世民的四弟李元吉，
是個堅定的太子黨。
他心狠手辣，
很想殺掉李世民，
卻多次被太子制止了。

【被迫起事】

在事變前夕，
李世民的心腹房玄齡和杜如晦
已經準備不跟他來往。
李世民知道後大怒，
命人拿刀逼著二人重新入夥。

【收買守衛】

李世民在事變前，
曾重金收買了玄武門的守衛。
所以他才能悄無聲息地
在那裡布下埋伏，
先發制人。

百群喵檔案

油條小劇場

《辛苦了，油條 1》

《辛苦了，油條 2》

油條

射手座

生日：12 月 5 日

身高：185 公分

喜歡的音樂：搖滾

喜歡的動物：老虎

（油條擬人介紹）

油條的車車
Youtiao's Transport

第八十五回 ◉ 貞觀之治

經過漫長的**動亂**與**爭鬥**，

唐代隋而立。

軍事科學院《中國軍事通史》：
「李唐王朝取得統一戰爭的最後勝利，完成統一中國的豐功偉業……結束了自隋末以來長達十多年的分裂割據的混亂局面。」

戰功卓著的**世民喵**登上**帝位**，

《資治通鑑．卷一九一》：
「武德九年（六二六年）……甲子，太宗即皇帝位於東宮顯德殿。」

是為**「唐太宗」**。

王仲舉《隋唐五代史》：「李世民就是中國歷史上著名的皇帝唐太宗。」

不過……雖說**得到**了**天下**，

但卻是個**爛攤子**。

《全唐文．卷二》：「隋末喪亂，豺狼競逐，率土之眾，百不存一。干戈未靜，桑農咸廢，凋弊之後，饑寒重切。」

隋朝的暴政和軍閥戰爭使天下**滿目瘡痍**，

趙克堯、許道勳《唐太宗傳》：「隋末動亂造成了州縣蕭條的景象：『黃河之北，則千里無煙；江淮之間，則鞠為茂草。』」

這對世民喵來說真是塊**「硬骨頭」**啊！

《新唐書·卷九十七》：「帝（李世民）嘗歎曰：『今大亂之後，其難治乎？』」

作為一個**新興皇朝**，
首要任務就是要讓國家**恢復活力**。

趙克堯、許道勳《唐太宗傳》：「李世民為皇太子，開始執政，就令百官『備陳安人理國之要。』正式即位後，『安人理國』更成為一個極端緊迫的任務。」

簡單說，得有**小錢錢**。

於是乎，世民喵先從**「省」**入手。

《貞觀政要·卷一》：「帝志在憂人，銳精為政，崇尚節儉……」

宮殿……

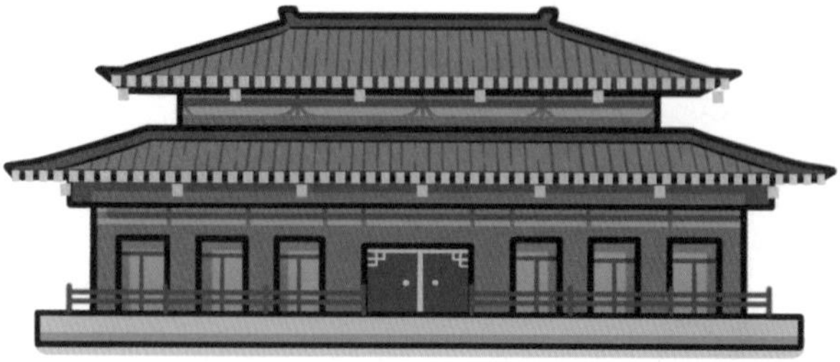

《貞觀政要．卷六》：
「貞觀二年（六二八年），公卿奏曰：『依《禮》，季夏之月，可以居台榭。今夏暑未退，秋霖方始，宮中卑濕，請營一閣以居之。』」

不修了。

《貞觀政要．卷六》：
「太宗曰：『朕有氣疾，豈宜下濕？若遂來請，糜費良多。昔漢文將起露臺，而惜十家之產，朕德不逮於漢帝，而所費過之，豈為人父母之道也？』固請至於再三，竟不許。」

宮女……

《資治通鑑．卷一九一》：
「（唐太宗）詔以『宮女眾多，幽閟可湣……』」

辭了。

《資治通鑑．卷一九一》：
「……宜簡出之，各歸親戚，任其適人。」
《貞觀政要．卷六》：
「貞觀初，太宗謂群臣曰：『婦人幽閉深宮……此皆竭人財力，朕所不取。且灑掃之餘，更何所用？今將出之，任求伉儷，非獨以省費，兼以息人……』」

部門合併，

《資治通鑑．卷一九二》：
「上（李世民）以民少吏多，思革其弊；二月，命大加並省……」

公務員裁減。

趙克堯、許道勳《唐太宗傳》：
「貞觀元年（六二七年），中央職官兩千餘人，（李世民）命房玄齡裁減，僅留用六百四十三人。」

反正**能省就省**。

王仲犖《隋唐五代史》：「州縣和官吏數額的裁減，既節省了政府開支，也減輕了人民的賦役負擔，這是符合當時社會要求的措施。」

而創收，則**鼓勵**發展**農業**。

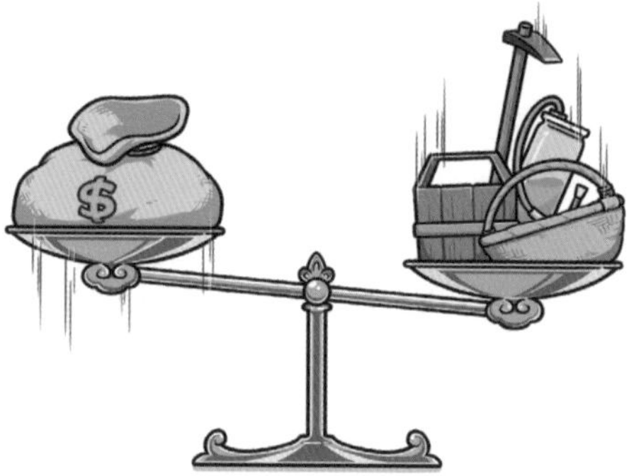

趙克堯、許道勳《唐太宗傳》：「唐太宗……在政治上經濟上努力創造各種條件，以便恢復與發展農業生產，為封建國家提供富裕的財源。」

經過隋朝的**折騰**和戰爭的**踐踏**，

喵民數量**銳減**，

軍事科學院《中國軍事通史》：「唐朝建立之初，由於受到隋末兵戎戰亂的影響，社會經濟出現衰敗景象……戶數也減至三百多萬，僅及大業年間的三分之一。」

到處是**無主荒地**。

張豈之《中國歷史．隋唐遼宋金卷》：「隋末唐初十餘年大規模的戰爭造成了大面積的土地荒閑和嚴重的戶口減耗。尤其是北方地區，戰亂之後，千里無人煙，城邑蕭條，『田地極寬，百姓太少』的情況相當普遍。」

所以世民喵繼續推行**「均田制」**，

白壽彝《中國通史》：「在經濟方面，（李世民）繼續推行武德末期頒行的均田制。」

韓國磐《隋唐五代史論集》：「均田制開始於北魏孝文帝太和九年（四八五年）……隋唐的均田制，直接繼承北魏和齊周而來。」

也就是國家把**無主**的荒田**分給喵民**。

朱紹侯《中國古代史》：「唐代均田制同前代的一樣，並不觸動地主官僚的私有土地，僅是把國家掌握的無主荒地用於授田。」

這些田為**口分田**和**永業田**兩種，

《新唐書・卷五十一》：
「唐之始時，授人以口分、世業田……授田之制，丁及男年十八以上者，人一頃，其八十畝為口分，二十畝為永業。」

口分田就是**借給**你種，

死後**還給**國家；

朱紹侯《中國古代史》：
「每人授田一百畝，其中八十畝為口分田，死後歸還政府。」

永業田則是**送給**你的，

死後可以**傳給**自己的孩子。

《通典．卷二》：
「諸永業田皆傳子孫，不在收授之限……」

這樣**一手租一手給**的方式，
大大提高了民眾的**熱情**。

朱紹侯《中國古代史》：
「均田制下，一般說來農民都能從政府手中獲得一定數量的授田，這在一定程度上改變了隋末農民戰爭以前的不合理的土地佔有狀況，有利於提高農民生產的積極性，有利於社會經濟的恢復和發展。」

種地的喵民**多了**，

國家收上來的**稅**自然也會**變多**。

人民教育出版社《義務教育課程標準實驗教科書．歷史七年級上冊》：
「貞觀年間，農民佔有一定土地，賦役負擔減輕，有了安定的生產和生活環境，大片荒地被開墾出來，社會經濟出現繁榮景象。」

所以連一些到處遊蕩的**「無業遊民」**，

也被**強制**扔回老家**開墾**，

軍事科學院《中國軍事通史》：
「（李世民）將『浮游無業』者強制送回原籍生產，不但增加了國家的剝削對象，也促進農業生產的發展。」

成了**稅收**來源之一。

而**生產力**的提高，
不僅可以**交稅**，

《文獻通考·卷二》：
「凡授田者，丁歲輸粟二石謂之租。丁隨鄉所出，歲輸絹綾絁各二丈，布加五之一；輸綾絹絁者，兼調綿三兩輸布者麻三斤，謂之調。」
韓國磐《北朝隋唐的均田制度》：
「……租調為當時唐朝的主要稅收。」

還能拿來**抵徭役**。

商務印書館《現代漢語詞典》：「徭役，古時統治者強制人民承擔的無償勞動。」

那時規定，
只要**多交**一定量的**布絹**，
就可以**抵去**當年的**徭役**。

《文獻通考‧卷二》：「用人之力，歲二十日，閏加二日，不役者日為絹三尺，謂之庸。」

反正你只要能**創造經濟效益**，
啥都好說。

軍事科學院《中國軍事通史》：「唐朝的租庸調制是在繼承隋制的基礎上制訂的，但較隋制為輕……這就使廣大農民有了更多的時間從事農業生產，不致因為從事徭役而荒廢了農耕。」

世民喵甚至制定法律，
亂搞工程**打擾到**人家**種田**的……

《唐律疏議．卷十六》：
「非法興造，謂法令無文。雖則有文，非時興造亦是……」
趙克堯、許道勳《唐太宗傳》：
「所謂『非法興造』，就是農忙動工，違反農時，故被視為『非法』。」

都去**坐牢**！

《唐律疏議．卷十六》：
「諸非法興造及雜徭役，十庸以上坐贓論。」

而在這過程中，
世民喵也不忘**發展文化**。

白壽彝《中國通史》：「在文化方面，唐太宗尊崇儒學……為了培養更多通曉儒學的士人，唐太宗大力興辦學校。」

在朝廷設立**國子監**，

白壽彝《中國通史》：「在朝廷設立國子監，下隸國子學、太學、四門學、書學、算學、律學六種學校……」

收教**官員們的**子弟。

白壽彝《中國通史》：「（國子監）收教各級官僚子弟。」

在民間就設立**府、州、縣學**，

趙克堯、許道勳《唐太宗傳》：
「至於地方學校，包括京都、都督府、州、縣所設立的，但主要是州學和縣學兩級。」

培養**寒門仕子**。

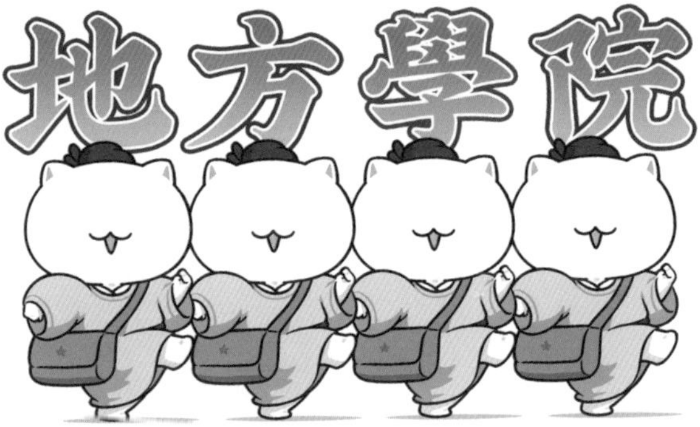

趙克堯、許道勳《唐太宗傳》：
「學生多數來自士庶地主，大概也有資格的限制。學習成績優良者，可由地方官保送參加常舉考試。」

而**選拔**這些知識分子的**方式**則是**科舉制**。

范文瀾《中國通史》：
「科舉製作為一種取士的制度，從隋朝開始，到唐太宗時才固定下來。」

世民喵**健全了科舉制**，

趙克堯、許道勳《唐太宗傳》：「唐太宗繼承並健全了科舉制度。」

士人們通過參加**考試**來獲取**做官**的機會。

王仲舉《隋唐五代史》：「唐代以科舉和門蔭取士，而科舉中進士科獨為矜貴，正因為進士科重辭賦，更能適應當時統治政權要求的緣故，所以要想做官的士子，必須嫻習辭賦，熟諳儒家經典。」

這讓更多**有才之士**能被**提拔**的同時，

趙克堯、許道勳《唐太宗傳》：「唐太宗網羅的儒林群英，基本上排除其承祖宗餘蔭、以舊業驕人、空腹高心的弊病，代之以學識拔士，故以才選作為特點的科舉制，自然比魏晉的九品中正制進步。」

也**打擊**了**士族壟斷**做官權力的局面，

> 趙克堯、許道勳《唐太宗傳》：
> 「由太宗肇始、終唐之世，庶族地主入仕宰輔、位極人臣者，已佔優勢，從而結束了魏晉以來士族地主壟斷仕途，獨攬樞機的局面。」

同時又**鞏固**中央和君主的**集權**。

> 趙克堯、許道勳《唐太宗傳》：
> 「唐太宗健全科舉制……改變了魏晉以來州郡中正官壟斷選士的作法，從而把選人、用人大權收歸中央，這是中央集權的統一封建王朝採取以才選官的制度，反過來，科舉制又鞏固了中央集權的封建制度。」

一系列措施的實行，
使天下喵民得以**休養生息**，

> 《貞觀政要．卷一》：
> 「至貞觀三年（六二九年），關中豐熟，(百姓)咸自歸鄉……」
> 錢穆《國史大綱》：
> 「要論輕傜薄賦，中國史上首推唐代的租庸調制。在這一個制度下，農民自可安居樂業。」

國家從凋敝中慢慢**復甦**，

《新唐書．卷五十一》：
「貞觀初，戶不及三百萬，絹一匹易米一斗。至四年，米斗四五錢，外戶不閉者數月，馬牛被野，人行數千里不齎糧，民物蕃息，四夷降附者百二十萬人。是歲，天下斷獄，死罪者二十九人，號稱太平。此高祖、太宗致治之大略，及其成效如此。」

這段時間的治理，
便是後世所稱的**「貞觀之治」**。

朱紹侯《中國古代史》：
「唐太宗在位期間（六二六—六四九年），政治比較清明，社會較為安定，經濟較快發展，史稱『貞觀之治』。」

作為一個封建統治者，
世民喵堅守著**以民為本**的方針，

軍事科學院《中國軍事通史》：
「他（李世民）認為『為君之道，必須先存百姓』。在這種民本思想的指導下，唐太宗在貞觀年間對人民實行輕徭薄賦的政策……這是社會經濟能夠迅速發展的重要原因。」

一定程度上**緩和了**隋末以來的**社會矛盾**，

王仲犖《隋唐五代史》：「唐太宗為了鞏固封建統治，初步注意到人民的利益，從而一定程度上緩和了隋末以來的社會危機。」

也**促進了**社會**經濟**的進一步**發展**。

王仲犖《隋唐五代史》：「在客觀上促進了社會經濟的進一步恢復和發展。」

從而使**唐朝**成為中世紀史上**少見的**

文化和國力**雙強盛**的封建國家。

王仲犖《隋唐五代史》：「（唐太宗）也促使人民能夠發揮他們蘊藏著的巨大潛在力量，從而創建了一個在中世紀史上少見的文化燦爛、國力鼎盛富強的封建國家。」

世民喵雖然在位時間只有**二十幾年**，

《全唐文．卷四》：
「帝諱世民……在位二十三年，年五十三，謚曰文皇帝，廟號太宗。」

卻**結束了**隋末以來的**殘局**，

傅樂成《中國通史》：
「他（李世民）一方面結束了隋末以來率土分崩的亂局……」

且為以後的**大唐盛世**奠定了**基礎**，

傅樂成《中國通史》：
「一方面奠立了唐帝國長期富強康樂的基礎。」

不愧為**一代英主**。

白壽彝《中國通史》：
「『貞觀之治』有力地推動了中國封建社會的發展。他（李世民）既是我國古代史上一位罕有的英明皇帝，也是一位傑出的政治家和軍事家。」

那麼**穩定後**的李唐皇朝，
又將發生**什麼故事**呢？

（且聽下回分解。）

編者按

唐太宗是歷史上少有的集開國武功和治世文才於一身的皇帝。李唐統一天下，離不開他的南征北戰；他即位時，接手的是一個在廢墟中建立的皇朝。然而在貞觀年間，大唐不僅經濟、文化都在蓬勃發展，軍事方面更在唐太宗的指揮下接連平定東突厥、吐谷渾等多個勢力，唐太宗本人也被周邊各個部族尊稱為「天可汗」。究其原因，唐太宗作為一個封建統治者，不僅善於用人、納諫，懂得克制自己，還能站在百姓的角度思考，並留下了「水能載舟，亦能覆舟」的千古名句。以至於唐太宗死後，他的為君之道為千年來無數君主所推崇。無論文治抑或武功，唐太宗都當得起「聖主」的名號。

李世民——瓜子（飾）

參考來源：《通典》、《舊唐書》、《新唐書》、《全唐文》、《貞觀政要》、《資治通鑑》、《文獻通考》、《唐律疏議》、白壽彝《中國通史》、范文瀾《中國通史》、傅樂成《中國通史》、王仲犖《隋唐五代史》、朱紹侯《中國古代史》、趙克堯和許道勳《唐太宗傳》、軍事科學院《中國軍事通史》、張豈之《中國歷史·隋唐遼宋金卷》、韓國磐《隋唐五代史論集》及《北朝隋唐的均田制度》、商務印書館《現代漢語詞典》、錢穆《國史大綱》、人民教育出版社《義務教育課程標準實驗教科書·歷史七年級上冊》

【吃蝗蟲】

貞觀初年鬧蝗災，
李世民去視察時，
生氣地抓起一隻蝗蟲吞下，
說寧願自己的腸子被吃，
也不願意讓百姓挨餓。

【小鳥依人】

李世民有一個心腹叫褚遂良，
他曾說褚遂良對自己就像
飛鳥依附著人一樣。
而這就是成語「小鳥依人」的由來。

【天可汗】

李世民在位期間，
把唐周邊的部族都打了個遍。
這些被打服的部族首領
紛紛認他做大哥，
還尊稱他為「天可汗」。

百群喵檔案

拉麵小劇場

《許願》

麻花在沙漠裡迷了路……
我快不行了……好餓啊……
這時，神明出現了。
有啥可以幫你的嗎？
哦哦哦！明白了！
麵……
這是你要的拉麵，我幫你帶來了……
??

《幸運的力量》

搞不清楚狀況的拉麵被帶到麻花身邊。
對不起……連累你了……
會沒事的。
十分鐘後，拉麵發現了水源！
啊！
半小時後，他又意外發現了寶藏。
一小時後，救援隊發現了他。
其實你才是神明吧？
哈哈，沙漠挺好玩的。

拉麵

雙子座

生日：6月1日

身高：180 公分

喜歡的音樂：鄉村音樂

喜歡的動物：錦鯉

（拉麵擬人介紹）

拉麵的車車
Lamian's Transport

第八十六回◉日月臨空

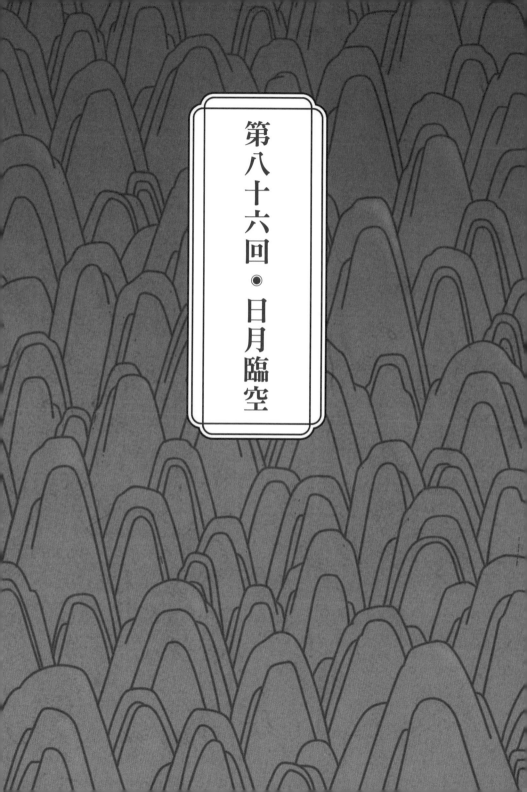

經過了二十幾年的**治理**，
天下終於恢復了**生機**，

白壽彝《中國通史》：
「貞觀時期（六二七—六四九），由於唐太宗的勵精圖治，政治清明，社會安定，經濟發展，文化繁榮，國勢極為強盛，出現了歷史上豔稱的『貞觀之治』。」

唐政權也**順利延續**了下來。

趙克堯、許道勳《唐太宗傳》：
「唐太宗從各個方面推行重農政策，其結果是顯見的。隨著國家政治局面的日益安定，社會經濟也得到恢復和發展。」

然而一位**女性**的出現，
卻為李唐皇朝增添了**一段插曲**。

她，就是**武則天喵**。

朱紹侯《中國古代史》：
「武則天名曌，生於武德七年（六二四年），是李唐新貴武士彠的女兒。」

則天喵的**父親**是跟著老李家出來**創業**的。

《舊唐書．卷六》：
「父士彠，隋大業末為鷹揚府隊正。高祖（李淵）行軍於汾、晉，每修止其家。義旗初起，從平京城。」

後來老李家**成功了**，

軍事科學院《中國軍事通史》：
「李淵集團於（隋）大業十三年（六一七年）五月醞釀並發動晉陽起兵，同年十一月攻克長安，次年五月稱帝建唐。」

他們**武氏一家**也跟著**晉升**。

《舊唐書‧卷六》：
「貞觀中，（武士彠）累遷工部尚書、荊州都督，封應國公。」

因為工作關係，
則天喵從小就跟著父親**到處跑**。

軍事科學院《中國軍事通史》：
「由於父親職務頻繁調動，武則天隨同輾轉不定。」

這不僅讓她**眼界開闊**，

更讓她比其他貴族少女多了不少**生活經驗**。

軍事科學院《中國軍事通史》：「武則天童年時代曾隨父母輾轉於長江兩岸，遊歷於巴山蜀水之間……楊氏潛心教育愛女，對視若掌上明珠的武則天更是百般教誨，詠誦經典，舞弄文墨。」

可惜……沒多久……

她爹就**「掛」了**……

雷家驥《武則天傳》：「貞觀九年（六三五年）武士彠死於荊州都督任上。」

孤兒寡母受盡了同族**欺辱**，

《舊唐書．卷一八四》：
「士彠卒後，兄子惟良、懷運及元爽等遇楊氏失禮。」

嘗盡冷暖的童年經歷使則天喵早熟且有**城府**。

雷家驥《武則天傳》：
「但是從父死後，由於親屬關係和家庭環境丕變，促使她（武則天）變得早熟而有城府。」

爭鬥的**種子**也在她的心中**生根發芽**……

《新唐書．卷七十六》：
「始，兄子惟良、懷運與元慶等遇楊及后（武則天）禮薄，後銜不置。」

命運的**轉機**發生在她**十四歲**那年，

《舊唐書．卷六》：
「初，則天年十四時……」

憑藉著美麗的**容貌**，
則天喵被皇帝冊封為**妃子**。

《舊唐書．卷六》：
「太宗（李世民）聞其美容止，召入宮，立為才人。」

這對她來說，
真是一次**翻身**的好機會。

《新唐書．卷七十六》：
「太宗聞士彠女美，召為才人，方十四。母楊，慟泣與訣，后獨自如，曰：『見天子庸知非福，何兒女悲乎？』」

可惜……

上天似乎**不打算**讓她太順利……

這還沒來得及上位，

皇帝就**「掛」了**……

雷家驥《武則天傳》：「有才學而能幹的她，在文皇（李世民）生前卻並不得志……武媚在宮中一直沒有升遷。」

更慘的是，因為**沒有子女**，

雷家驥《武則天傳》：「武才人在丈夫——太宗文皇帝——死後，立即面臨的問題是如何安置後半生。先帝妃嬪內有子女的，都會出宮依靠子女；沒有子女的，都將會被安排進入寺觀為尼或女道士。」

皇帝死後，
妃子還得**出家**當尼姑……

《唐會要．卷三》：「太宗崩，（武則天）隨嬪御之例出家。為尼感業寺……」

天呀……簡直**太慘了**。

幸好事情再次出現**轉機**，

雷家驥《武則天傳》：「文皇之死，天皇（李治）之立，是武媚才人人生的另一大轉機。」

新任皇帝對則天喵**暗生情愫**，

《資治通鑑．卷一九九》：「上（李治）之為太子也，入侍太宗，見才人武氏而悅之。」

而**現任皇后**又想讓則天喵過來幫她一起**對付**另一個**妃子**，

《資治通鑑．卷一九九》：「初，王皇后無子，蕭淑妃有寵……王后聞之，陰令武氏長髮，勸上內之後宮，欲以間淑妃之寵。」

則天喵就這麼**回到**了**宮中**。

《新唐書．卷四》：「高宗幸感業寺，見而悅之，復召（武則天）入宮。」

這回！她可以**發力***了！

* 發力：發威、大展身手之意

她先是幫皇后**幹掉**了另一**妃子**，

《唐會要．卷三》：
「（武則天）既入宮。寵待逾於良娣（蕭淑妃）。立為昭儀。」

接著就掉過頭來**整皇后**。

《唐會要．卷三》：
「（武則天）俄誣王皇后與母柳氏求厭勝之術。昭儀所生女暴卒。又奏王皇后殺之。」

因為則天喵又**美**又有**才華**，

趙克堯《武后之立與君相權力之爭》：「武則天除有姿色迷人外，更重要的還有出色的政治才幹與文化素養。」

《舊唐書・卷六》：「后（武則天）素多智計，兼涉文史。」

皇帝實在**愛得不行**，

雷家驥《武則天傳》：「在永徽二、三年間（六五一—六五二年），武昭儀已經是最被今上寵愛的女人。」

甚至企圖讓她**取代**原本的**皇后**。

《唐會要・卷三》：「上（李治）遂有廢立之意。」

呃，這**不符合規矩**啊……

朱紹侯《中國古代史》：
「永徽六年（六五五年）初，高宗欲另立武則天為皇后，遭到以貞觀老臣長孫無忌、褚遂良……的堅決反對。他們認為武則天出身低微，又曾為太宗皇帝才人，不配當皇后。」

於是乎，
以**國舅**為首的老臣派**強烈反對！**

范文瀾《中國通史》：
「唐高宗是長孫皇后的兒子，得母舅長孫無忌的助力，才被選為太子。」
《舊唐書．卷六十五》：
「六年，帝將立昭儀武氏為皇后，無忌屢言不可……」
崔瑞德《劍橋中國隋唐史》：
「元老重臣長孫無忌和褚遂良強烈反對任何廢黜王皇后的企圖。」

則天喵想**「求通融」**都沒辦法，

《資治通鑑．卷一九九》：
「昭儀又令母楊氏詣無忌第，屢有祈請，無忌終不許。」

這個事情讓她意識到，
要想上位，除了**稱霸後宮**……

還得**掌握外朝**。

雷家驥《武則天傳》：
「……武昭儀產生了一個深刻的認識：到達皇后之路，除了掌握宮中優勢之外，尚須尋求外朝的支持。」

有了這個念頭的則天喵，
開始想盡辦法**拉攏朝臣**。

雷家驥《武則天傳》：
「於是從七月開始……武昭儀對外朝展開了拉攏與鬥爭的工作，也就是她干預朝政的先聲。」

她積極**籠絡**站自己這邊的官員，

一點心意，有福同享嘛！

《資治通鑑．卷一九九》：
「中書舍人饒陽李義府……叩閣上表，請廢皇后王氏，立武昭儀，以厭兆庶之心。上悅，召見，與語，賜珠一斗，留居舊職。昭儀又密遣使勞勉之……」

培養自己的官員**勢力**，

《資治通鑑．卷一九九》：
「於是衛尉卿許敬宗、御史大夫崔義玄、中丞袁公瑜皆潛布腹心於武昭儀矣。」

又通過皇帝**打擊**反對自己的大臣。

皇上，我覺得他挺不錯哦！
收到！

《資治通鑑．卷一九九》：
「長安令裴行儉聞將立武昭儀為后，以國家之禍必由此始，與長孫無忌、褚遂良私議其事。袁公瑜聞之，以告昭儀母楊氏，行儉坐左遷西州都督府長史。」

反正在**棍棒與蜜糖**的並用下，
朝廷上上下下都是她的勢力。

雷家驥《武則天傳》：「昭儀利用當時的某些不良政風，挾持最寵愛她而又軟弱的夫皇，用行賄、重賞、關說和貶黜等手段，以拉攏和收編的方式，迅速組成自己的翊贊班子……並在外朝密佈眼線。」

只要有人提出**反對**則天喵上位的意見，

《資治通鑑．卷一九九》：「遂良曰：『陛下必欲易皇后，伏請妙擇天下令族，何必武氏……』」

馬上就會受到**打擊**。

《資治通鑑．卷一九九》：「庚午，（李治）貶遂良為潭州都督。」

這還有**誰敢發話**呢？

《資治通鑑．卷一九九》：
「它日，李績入見，上（李治）問之曰：『朕欲立武昭儀為后，遂良固執以為不可。遂良既顧命大臣，事當且已乎？』對曰：『此陛下家事，何必更問外人！』上意遂決。」

最後，連老舅爺也**反對無效**。

趙克堯《武后之立與君相權力之爭》：
「……高宗已改變了『無不嘉納』無忌的建言，與武則天默契配合。」

就這樣，
則天喵在大家的**擁護**下正式**成為**新的**皇后**。

《全唐文．卷十一》：
「立武昭儀為皇后詔：武氏門著勳庸……可立為皇后。」
朱紹侯《中國古代史》：
「武則天依靠高宗和庶族官僚的力量，於同年十月被冊立為皇后。」

作為一名生活在**封建社會**的**女性**，

則天喵的**命運**大多時候都會受到**男性**的**影響**。

而**堅強**且富有**野心**的她卻極力**爭取**和**抗爭**，

雷家驥《武則天傳》：

「（武則天）在鬥爭中採取主動……在外朝密佈線眼，建立情報和監視網，而且親自監聽君相的密談。充分展現了她強烈的權力企圖心、進取人格、組織能力和靈活的鬥爭技術。」

最終在殘酷的鬥爭中一步步**登上高位**。

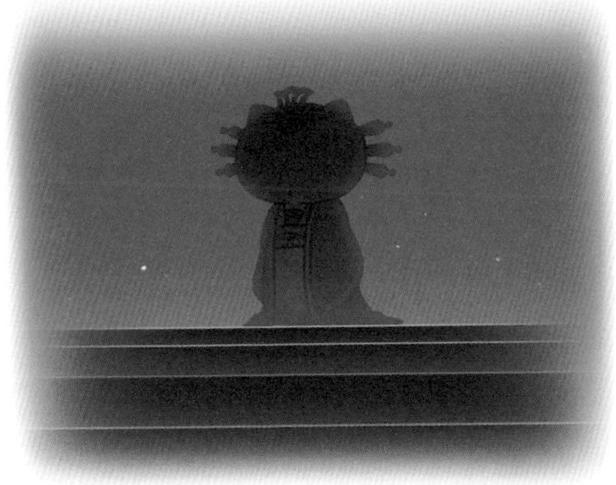

《舊唐書．卷六》：
「永徽六年（六五五年），（李治）
廢王皇后而立武宸妃為皇后。」

然而，作為封建婦女頂端的**皇后位**，
依然**無法**滿足她的**野心**。

黃永年《六至九世紀中國政治史》：
「有的人當上皇后便滿足於安富尊榮，
不想再在政治上取得更多的權力，有
的則有強烈的政治欲望，對權力特別
感興趣，武后便是後一類型的人物。」

那麼接下來，則天喵的路要**怎麼走**呢？

（且聽下回分解。）

編者按

永徽年間的廢立皇后一事，其實是此時君權與相權之間鬥爭的一個縮影。作為武則天的第二任丈夫，李治自上位以來，就受到長孫無忌為首的老臣派限制。長孫無忌是三朝老臣，並不好對付。於是，李治為了增強皇權，開始有計劃地削弱元老功臣集團。最終，雙方矛盾在廢后一事上達到頂峰。李治既已下定廢后決心，深受他寵愛又素多智計的武則天，自然成為了新皇后的最佳人選。兩人通過培植自己的親信勢力最終扳倒了老臣集團。誠如黃永年老師所言，武則天「在鬥爭中充當了高宗的助手」才是她能夠最終登頂后位的原因。此時的武則天，還不是執棋者，但此番經歷，不僅增加了她政治鬥爭的經驗，也使她滋生了更大的野心。

武則天——湯圓（飾）

參考來源：《舊唐書》、《新唐書》、《全唐文》、《唐會要》、《資治通鑑》、雷家驥《武則天傳》、白壽彝《中國通史》、范文瀾《中國通史》、趙克堯和許道勳《唐太宗傳》、趙克堯《武后之立與君相權力之爭》、朱紹侯《中國古代史》、軍事科學院《中國軍事通史》、黃永年《六至九世紀中國政治史》、崔瑞德《劍橋中國隋唐史》

附錄

【暗生情愫】

相傳，唐高宗和武則天是在
共同照顧病重的李世民時
對上眼的。
這才有了後來高宗讓她
「二進宮」的故事。

【吃醋】

武則天雖然貴為皇后，
但也會吃醋。
她的外甥女憑藉美貌
獲得了高宗的寵愛。
武則天一氣之下，
就把外甥女毒死了。

【後遺症】

武則天上位後軟禁了原來的皇后，
還將她折磨致死。
由於手段太殘忍，
後來她經常幻想
死去的皇后來找自己。

百群喵檔案

麻花小劇場

《題庫》

《午夜電話》

麻花

摩羯座

生日：12 月 24 日

身高：178 公分

喜歡的音樂：電子樂

喜歡的動物：倉鼠

（麻花擬人介紹）

麻花的車車
Mahua's Transport

第八十七回 ◉ 武周女皇

經過一系列**宮廷鬥爭**後，

雷家驥《武則天傳》：
「這場非武力的政治鬥爭，從武昭儀在（六五五年）六月當不成宸妃後展開。如果說昭儀派是權力爭取的左派，則無忌派是權力保守的右派。」

武則天喵終於登上**皇后寶座**，

《新唐書．卷七十六》：
「（李治）詔李績、于志寧奉璽綬進昭儀為皇后，命群臣及四夷酋長朝後肅義門，內外命婦入謁。朝皇后自此始。」

從**後宮**到**朝堂**都存在著她的勢力。

雷家驥《武則天傳》：
「武后（武則天）之夫是皇帝今上，嫡子是儲君太子，從此地位穩固……武后已在門下省安置了許敬宗，於中書省安置了李義府，聖旨可經中書、門下順利發出。」

為了**鞏固**自己的**地位**，
她不斷**打擊**反對自己的**官員**。

王仲犖《隋唐五代史》：
「武則天對反對派的迫害是非常殘酷的……製造偽證，累貶褚遂良為愛州（治九真，今越南清化）刺史……許敬宗又誣奏長孫無忌謀反。」

《資治通鑑・卷二〇〇》：
「（李治）下詔削無忌太尉及封邑，以為揚州都督，於黔州安置，准一品供給……於是詔追削遂良官爵，除奭、瑗名，免志寧官。」

不是**降職**，

就是直接**幹掉**。

《資治通鑑・卷二〇〇》：
「遂良子彥甫、彥沖流愛州，於道殺之。」

這搞得連皇帝都在想，
是不是**不應該**讓她當皇后？

《新唐書．卷四》：
「后益用事，遂不能制。高宗悔，陰欲廢之……」
《新唐書．卷一五〇》：
「初，武后得志，遂牽制帝，專威福，帝不能堪……將廢為庶人，召儀與議。」

但你要知道，
則天喵是有**「特務」**的……

《新唐書．卷七十六》：
「（李治）乃趣使草詔廢之。左右馳告（武則天）……」
雷家驥《武則天傳》：
「武后早已在宮中線眼密佈。」

馬上就**「制止」**了皇帝的心思。

《新唐書．卷七十六》：
「后遽從帝自訴，帝羞縮，待之如初。」

可這次事件

也讓則天喵更加**意識到權力**的重要性！

她更加主動地幫皇帝**分擔政務**，

雷家驥《武則天傳》：「今上每次上朝，武后都垂簾於後，政無大小皆與聞。」

因為政治能力的**出色**，

使皇帝讓她一起**治理朝政**。

《資治通鑑·卷二〇〇》：「百司奏事，上或使皇后決之。后性明敏，涉獵文史，處事皆稱旨。由是始委以政事，權與人主侔矣。」

皇帝稱**天皇**，

《舊唐書．卷六》：
「高宗稱天皇……」

則天喵稱**天后**，

《舊唐書．卷六》：
「武后亦稱天后。」

史稱**二聖共治**。

《舊唐書．卷六》：
「百司表奏，皆委天后詳決。自此內輔國政數十年，威勢與帝無異，當時稱為『二聖』。」

可即便如此，則天喵還是充滿**焦慮**，

雷家驥《武則天傳》：
「武后雖以二聖臨朝多年，但是掌握最後決定權的人不是她……不願純粹扮演『女主內』角色的她，想必有權力上的焦慮。」

畢竟皇帝一直都**病懨懨**的，

《唐會要．卷三》：
「顯慶五年（六六〇年）十月已後，上苦風眩。」

權力終有一天會**離她而去**。

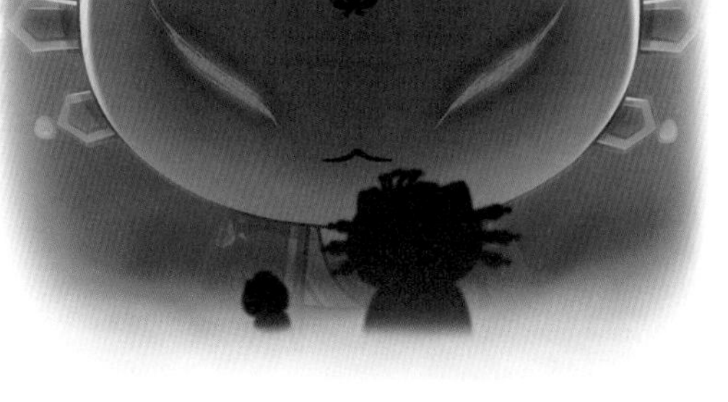

雷家驥《武則天傳》：
「天后雖然權侔人主，尊為二聖、天后……國政的最後決定權仍然操於皇帝之手，當他委託太子監國，或授權太子理政時，最後決定權則轉移至太子代行。」

於是乎，她將目光投向**皇子們**身上。

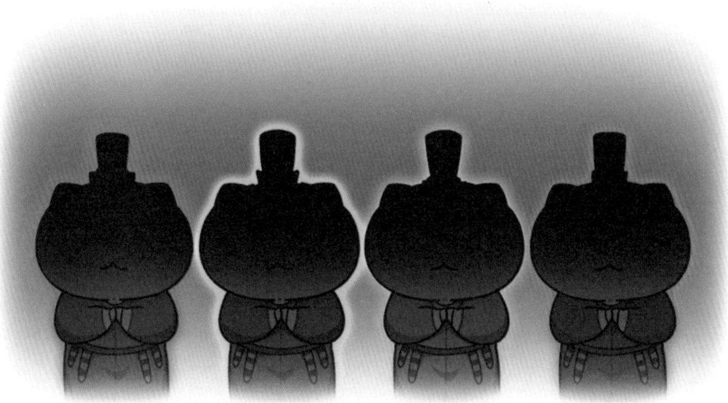

則天喵與皇帝有**四個兒子**。

王仲舉《隋唐五代史》：
「武則天生四子一女。」

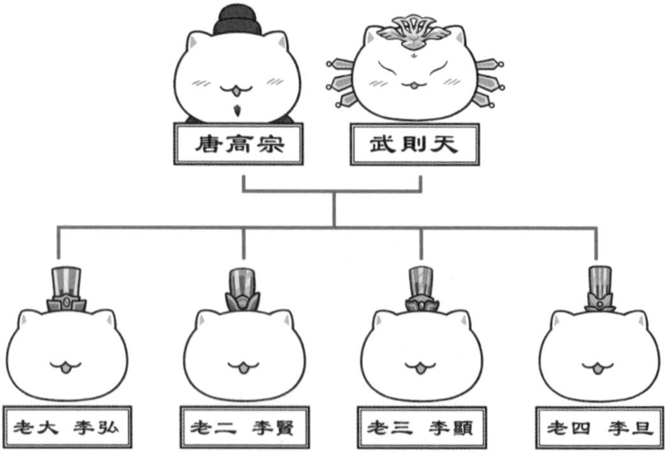

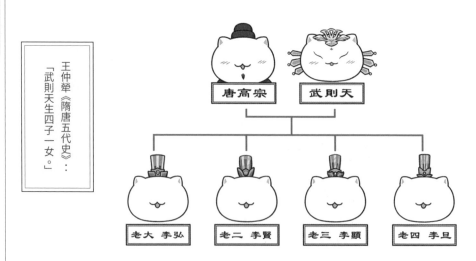

大兒子當過太子，

雷家驥《武則天傳》：「長子（皇五子）李弘在顯慶元年（六五六）正月四歲之時，武后就幫他取得了皇太子的地位。」

病死了。

《舊唐書．卷九十》：「太子多疾病……上元二年（六七五年），太子從幸合璧宮，尋薨，年二十四。」

老二當過太子，

傅樂成《中國通史》：「次年……（武則天）更立次子雍王賢。」

被她**廢了**。

《資治通鑑．卷二〇二》：「太子頗好聲色，與戶奴趙道生等狎昵，多賜之金帛……甲子，廢太子賢為庶人……」

到**老三**當上太子的時候，

傅樂成《中國通史》：「但到永隆元年（六八〇），武后又把賢廢掉而立三子英王哲。」

他爹……也在不久後**「掛」了**。

傅樂成《中國通史》：「弘道元年（六八三年），高宗死。」

這種**「爹死子弱」**的空隙裡，
正是惹事的**好機會**。

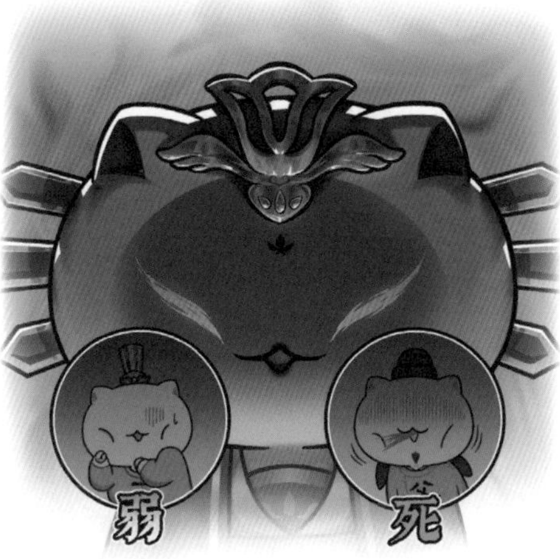

《舊唐書·卷九十一》：
「高宗崩，太子即位。未聽政，宰臣奏議，天后降令於門下施行。」

則天喵暗中**聯合大臣**，
將**最高權力**牢牢掌握在自己手裡。

《資治通鑑·卷二〇三》：
「裴炎奏太子未即位，未應宣敕，有要速處分，望宣天后令於中書、門下施行……故事，宰相于門下省議事，謂之政事堂……及裴炎遷中書令，始遷政事堂於中書省。」

這樣即便**兒子**當上了皇帝，

《資治通鑑·卷二〇三》：
「甲子，中宗即位……」

也只是個**「提線木偶」**……

《資治通鑑．卷二〇三》：
「尊天后為皇太后，政事咸取決焉。」

不過這孩子倒是**奮起反抗**過，

《舊唐書．卷九十一》：
「中宗既立，欲以后父韋玄貞為侍中，又欲與乳母子五品，炎固爭以為不可。中宗不悅，謂左右曰：『我讓國與玄貞豈不得，何為惜侍中耶？』」

呃……可惜**反而**成了則天喵的**藉口**，

《舊唐書．卷九十一》：
「炎懼，乃與則天定策廢立。炎與中書侍郎劉禕之、羽林將軍程務挺、張虔勖等勒兵入內，宣太后令，扶帝下殿。帝曰：『我有何罪？』太后報曰：『汝若將天下與韋玄貞，何得無罪！』」

順手就給**廢了**……

《舊唐書・卷九十一》：
「（武則天）乃廢中宗為盧陵王……」

最後等到**老四**當上了**皇帝**，

《舊唐書・卷九十一》：
「立豫王旦為帝。」

則天喵已經正式**全面掌權**。

《資治通鑑・卷二〇三》：
「立雍州牧豫王旦為皇帝。政事決於太后……」

卑微的**老四**只是待在「小黑屋」裡，
根本**說不上話**。

《資治通鑑．卷二〇三》：
「居睿宗於別殿，不得有所預。」

可這樣就算**完了嗎？**

雷家驥《武則天傳》：
「太后知道，除非她依照傳統慣例還政於已成年的嗣君，否則『先帝以天下托顧於朕』的說詞，群臣是不會相信和心服的……然而權威型人格的她，如今難得獨享大權，她願意輕易放棄嗎？」

沒錯，則天喵想**當皇帝！**

作為一個女喵的她**很清楚**，
只有**皇帝**才能擁有**最高權力**。

雷家驥《武則天傳》：
「她（武則天）已經掌握朝政參決權凡二十四年，享受到權力的滋味；但是朝政參決權的權力來源於君權，故其性質終究不是最高的或絕對的君權。」

所以**李氏皇族**，
自然成了她稱帝必須**剷除**的**對象**。

王仲犖《隋唐五代史》：
「武則天準備改唐為周，正式做皇帝，必須消滅李唐宗室和姻戚。」

她不僅親手**廢掉皇太孫**，

《新唐書·卷四》：
「庚申，（武則天）廢皇太孫重照為庶人……」

還下令**處死**和**流放**自己的兩個兒子。

《新唐書．卷四》：
「（武則天）殺庶人賢於巴州……遷廬陵王於房州……」

那些反對她的**宗室**
也基本被她搞得**一乾二淨**……

《舊唐書．卷一八七》：
「承嗣嘗諷則天革命，盡誅皇室諸王及公卿中不附己者……」

除此以外，則天喵還大搞**玄學輿論**，

例如弄了塊白石頭，
寫著**「聖母臨人，永昌帝業」**。

《舊唐書．卷六》：
「魏王武承嗣偽造瑞石，文云：『聖母臨人，永昌帝業。』令雍州人唐同泰表稱獲之洛水。皇太后大悅，號其石為『寶圖』，擢授同泰遊擊將軍。」

例如利用**佛經**，
說自己是**下凡統治**國家的。

《資治通鑑．卷二〇四》：
「東魏國寺僧法明等撰《大雲經》四卷，表上之，言太后（武則天）乃彌勒佛下生，當代唐為閻浮提主，制頒於天下。」

反正在一陣**安排**下，
則天喵**稱帝**的勢頭已經**無法阻擋**，

雷家驥《武則天傳》：
「當時思想信仰的兩大主流——儒學和佛教——都已為神皇所用，前者為她的革命理論鋪好了路，後者則給她提供了女主可以統治天下的意識形態，現在時機已經成熟。」

西元**690年**，則天喵正式**登基稱帝**，

《資治通鑑．卷二〇四》：
「則天順聖皇后上之下天授元年（六九〇年）……壬午，御則天數，赦天下，以唐為周，改元。」

自封為**「聖神皇帝」**，

《資治通鑑．卷二〇四》：
「乙酉，上尊號曰聖神皇帝……」

這是華夏歷史上**第一位**，
也是**唯一**一位**女皇帝**。

白壽彝《中國通史》：
「武則天前後執政達五十餘年之久。她是中國歷史上正式稱帝的唯一女皇帝。」

雖然她上位的**手段**非常**毒辣**，

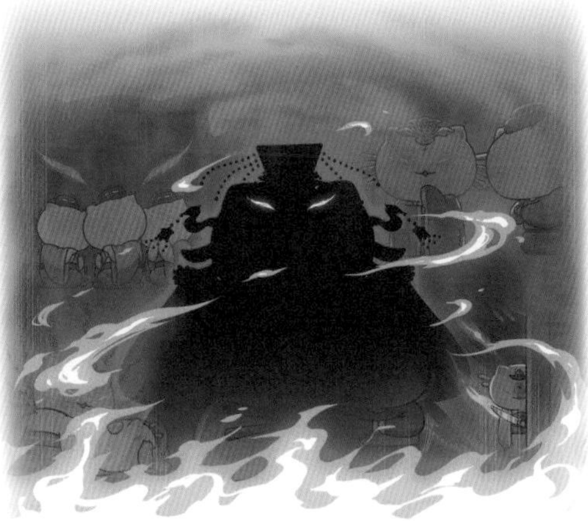

《舊唐書·卷一九一》：
「則天以女主臨朝，大臣未附；委政獄吏，剪除宗枝……遂使酷吏之黨，橫噬於朝，制公卿之死命，擅王者之威力。」

可在位期間，
卻很好地**促進**國家發展。

軍事科學院《中國軍事通史》：
「武則天于天授元年（六九〇年）改唐建周……使社會經濟得到迅速發展，政治統治日益鞏固。」

不僅繼續奉行**與民休息**的政策，

白壽彝《中國通史》：
「她在執政的五十年間……重視發展農業，繼續推行輕徭薄賦、與民休息政策。」

且**重視人才**的選拔，

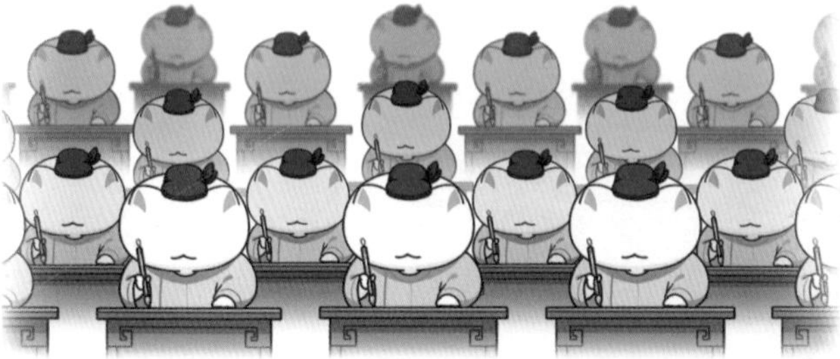

朱紹侯《中國古代史》：
「武則天還進一步發展科舉制度，廣泛羅致人才。」

朱紹侯《中國古代史》：
「在武則天統治期間，社會經濟繼續發展，糧食儲備豐富。長安四年（七〇四年）時，『神都帑藏儲粟，積年充實，淮海漕運，日夕流行』。人口也有了迅速增長……」

使**農田**和**喵民**數量都大幅度**增長**。

+100
+100
+10
+1
+10
+1000
+1000
+100
+20
+10

然而當則天喵如願地站到**頂點**時，
一個**問題產生**了。

王仲犖《隋唐五代史》：
「武則天做了皇帝以後……改皇嗣李旦姓武氏。這就產生了一個很大的矛盾……」

作為一位封建社會的**女皇帝**，

誰能成為她的**繼任者**呢？

王仲犖《隋唐五代史》：

「這是一個父系氏族為主的成熟的封建社會。從習慣上說，父死子繼或母死子繼……但是倘使這樣做，一旦武則天身死，最高統治權力勢必落到李唐子孫手裡，武周王朝就會夭折。」

（且聽下回分解。）

編者按

武則天以女主之身登上帝位，實乃史無前例。究其原因，主觀上是因為武則天具有實現其政治野心的手段。她從小性格英武，鬥爭時對政敵毫不手軟。稱帝後，她又能藉發展科舉鞏固自身統治，通過扶植新興的庶族地主對抗舊功臣集團，其政治手段由此可見一斑。客觀上，武則天恰逢一個女性地位較高的時期——民族融合帶來的開放風氣，使唐代女性在家庭中享有較高的話語權。加之玄、佛盛行，儒學對女性的禁錮較弱，都為女主掌權提供了較好的社會環境……種種因素交織在一起，武則天才得以以一代女帝之姿，給盛世大唐留下了傳奇的一筆。

武則天——湯圓（飾）

參考來源：《舊唐書》、《新唐書》、《唐會要》、《資治通鑑》、雷家驥《武則天傳》、王仲犖《隋唐五代史》、白壽彝《中國通史》、傅樂成《中國通史》、朱紹侯《中國古代史》、軍事科學院《中國軍事通史》

附錄

【神預言】

武則天還是嬰兒時，
曾有方士給她相面。
因為當時穿著男兒服裝，
方士驚覺「他」非常貴氣，
預言如果是個女孩，
能當天下之主。

【日月臨空】

武則天又名「武曌」，
「曌」其實是她自創的字。
它上面是「明」，
下面是「空」，
象徵自己是天上的太陽和月亮。

【功歸無字】

武則天的陵寢內立了
一座空白的「無字碑」，
相傳是因為當時的人
認為她的功過難以評述，
於是交給後人評說。

百群喵檔案

湯圓小劇場

《犯人是……》

《快樂並痛著》

湯圓

水瓶座

生日：2 月 14 日

身高：168 公分

喜歡的音樂：藍調

喜歡的動物：狐狸

（湯圓擬人介紹）

湯圓的車車
Tangyuan's Transport

第八十八回 ◉ 韋后專權

西元705年，女皇武則天**病重。**

《資治通鑑·卷二〇七》：
「神龍元年（七〇五年）……
太后（武則天）疾甚……」

一干**大臣**趁機發動**政變，**

《舊唐書·卷七》：
「神龍元年正月，鳳閣侍郎張柬之、鸞台侍郎崔玄暐、左羽林將軍敬暉、右羽林將軍桓彥范、司刑少卿袁恕己等定策率羽林兵……迎皇太子監國……」

恢復了唐政權的**統治地位，**

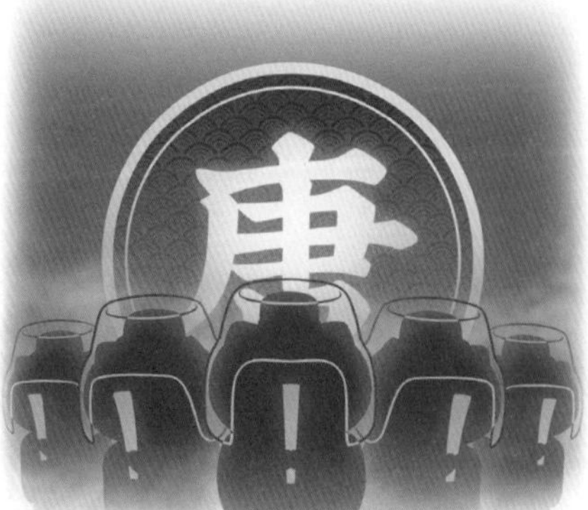

《舊唐書·卷七》：
「（神龍元年）二月甲寅，復國號，依舊為唐。社稷、宗廟、陵寢、郊祀、行軍旗幟、服色、天地、日月、寺宇、台閣、官名，並依永淳（六八二—六八三年）已（以）前故事。」

史稱**「神龍政變」**。

張豈之《中國歷史·隋唐遼宋金卷》：

「發動這場政變的張柬之等五人事後都被封王，史稱『五王政變』（又稱『神龍政變』）。」

天下終於又**回到**老**李家**手上，

范文瀾《中國通史》：

「七〇五年，武則天病重，宰相張柬之等率文武群臣入宮……恢復唐國號和一切唐制度。」

而**繼任者**正是原來被則天喵

廢掉的皇帝——

《舊唐書·卷六》：

「嗣聖元年（六八四年）……二月戊午，（武則天）廢皇帝為廬陵王，幽於別所……」

唐中宗喵！

《舊唐書．卷七》：

「中宗大和大聖大昭孝皇帝諱顯，高宗第七子也。母曰則天順聖皇后武氏……嗣聖元年正月，廢居於均州，又選於房州……（神龍元年正月）丙午，復於位……」

不過……這回的**主角**不是他，

是他的老婆，**韋后喵！**

《資治通鑑．卷二〇三》：

「光宅元年（六八四年）……春，正月，甲申朔，改元嗣聖，赦天下。立太子妃韋氏為皇后……」

韋后喵出身**「官N代」**，

《舊唐書・卷五十一》：
「中宗韋庶人（韋后），京兆萬年人也。祖弘表，貞觀中為曹王府典軍。」
《新唐書・卷二〇六》：
「后（韋后）父玄貞，歷普州參軍事……」

十幾歲當上**太子妃**，

《舊唐書・卷五十一》：
「中宗為太子時（六八〇年），納后為妃。」

沒多久就成為了**皇后**。

《舊唐書・卷五十一》：
「嗣聖元年（六八四年），立（韋庶人）為皇后。」

可以說一路**挺順**的。

可惜沒多久，
愣頭青老公就**得罪**了自己老媽**則天喵**。

白壽彝《中國通史》：
「（六八四年）中宗……自作主張，把皇后的父親韋玄貞自普州參軍提升為豫州刺史，很快又要以其為侍中。此事觸怒了武則天……」

哐當！
就被一腳**踹下臺**了！

白壽彝《中國通史》：
「（六八四年）武則天立即廢中宗為廬陵王……」

韋后喵不僅跟老公**一起**被扔到鄉下**吃苦頭**，

《舊唐書・卷七》：
「皇太后廢帝（中宗）為廬陵王，幽於別所。其年五月，遷於均州，尋徙居房陵。」
《資治通鑑・卷二〇八》：
「上（中宗）在房陵與后同幽閉，備嘗艱危……」

還每天**提防**著則天喵會不會突然**下毒手**……

《舊唐書・卷五十一》：
「中宗見廢，后隨從房州。時中宗懼不自安，每聞制使至，惶恐欲自殺。」

簡直**可憐**極了。

幸好二十年後，
「惡婆婆」則天喵終於**掰掰**，

白壽彝《中國通史》：
「神龍元年（七〇五）正月，武則天病危，宰相張柬之、崔玄暐等聯絡文武官員多人率領禁軍入宮，逼迫武則天退位……」

老公**中宗喵**被扶回去**登基**，

翦伯贊《中國史綱要》：
「神龍元年（七〇五年），宰相張柬之等……擁戴李顯復位，是為中宗。」

韋后喵才**過回**了**皇后**的日子。

《新唐書・卷四》：
「（神龍元年二月）甲子，皇后韋氏復於位……」

因為**共同經歷**過磨難，
中宗喵非常**信賴**韋后喵，

感謝老婆對我的愛，
我以後一定全力愛你。

《舊唐書．卷五十一》：
「中宗見廢，后隨從房州……累年同艱危，情義甚篤。」
傅樂成《中國通史》：
「（中宗）即位後……極端寵信他的皇后韋氏。」

甚至讓韋后喵**參與政事**。

只要你願意，
啥都聽你的！
唐

傅樂成《中國通史》：
「每當中宗臨朝，韋后總是坐在帷幔後面旁聽，一切政事都要干預。」

這使韋后喵的**野心**快速**膨脹**，

嘿
嘿

范文瀾《中國通史》：
「（中宗）唯一信任的是韋皇后……（韋后）愈益肆無忌憚。」

逐漸有了**效仿**婆婆則天喵當**女皇帝**的想法。

唐華全《略論唐中宗時期的政治風雲》：
「中宗復位後……（韋后）萌發了效則天故事而稱女皇的野心。」

於是乎她開始積極**籌畫**，

《資治通鑑・卷二〇八》：
「（韋后）再為皇后，遂干預朝政，如武后在高宗之世。」
白壽彝《中國通史》：
「皇后韋氏就乘機參與政事……千方百計想左右政局。」

按照則天喵**「女皇操作手冊」**的做法，
她先要**打壓**反對自己的勢力。

朱紹侯《中國古代史》：
「唐中宗復位後……（韋皇后）貶殺張柬之等人，驅逐直臣宋璟，欲謀取政權，效法武則天當女皇。」

當時的**太子**就是她的重要**障礙**，

《舊唐書・卷八十六》：「節湣太子重俊，中宗第三子也。」

而且還**不是**她親生的……

張豈之《中國歷史・隋唐遼宋金卷》：「韋后一心想仿效武則天做女皇，圖謀廢黜不是她親生的皇太子李重俊。」

於是她開始瘋狂**排擠**太子，

《舊唐書・卷一八九》：「時（七〇六年）節湣太子（李重俊）初立，韋庶人以非己所生，深加忌嫉，勸中宗下敕令太子卻取衛府封物，每年以供服用。」

沒事就**羞辱**他。

101
蠢貨！
奴！
沒用！

白壽彝《中國通史》：
「韋后、安樂公主等，都經常
凌辱太子，甚至呼其為『奴』。」

這直接**導致**太子起來**造反**，

老妖婆你等著！
老子現在就要當皇帝！

《資治通鑑．卷二〇八》：
「皇后以太子重俊非其所生，
惡之……太子積不能平。」
朱紹侯《中國古代史》：
「景龍元年（七〇七年）七月，
太子李重俊發動兵變……企圖
消滅韋皇后一派。」

呃……然後被「錘爆」了。

報銷

《資治通鑑．卷二〇八》：
「太子以百騎走終南山，至鄠
西，能屬者才數人，憩於林下，
為左右所殺。」

她對待其他**大臣**呢，

更是只要對她**不滿**的，
就通通**搞掉**！

張岂之《中國歷史・隋唐遼宋金卷》：
「景龍四年（七一〇年）五月，燕欽融參奏皇后淫亂，干預國政，安樂公主等圖危宗社，竟被韋后黨人矯詔當殿撲殺。」

而為了給自己日後稱帝做**鋪墊**，
她甚至**模仿**則天喵當年的**「天皇」**、**「天后」**的做法，

《資治通鑑・卷二〇二》：
「上元元年（六七四年）……皇帝（高宗）稱天皇，皇后（武則天）稱天后……」

中宗喵稱**「應天神龍皇帝」**，

《資治通鑑．卷二〇八》：

「（景龍元年）八月，戊寅，皇后及王公已下表上尊號曰應天神龍皇帝……」

她則稱**「順天翊聖皇后」**。

《資治通鑑．卷二〇八》：

「宗楚客又帥百官表請加皇后尊號曰順天翊聖皇后。上並許之。」

真是畫素級**「抄作業」**啊……

除此之外，**造勢**更是少不了。

唐華全《略論唐中宗時期的政治風雲》：
「太子政變失敗以後……韋后就唆使其黨羽為她妄稱圖識祥瑞，大造社會輿論。」

例如，說自己的衣服有**五彩祥雲**，

《資治通鑑．卷二〇九》：
「景龍二年（七〇八年）……宮中言皇后衣笥裙上有五色雲起，上令圖以示百官。」

或者在**民間**弄一首**歌頌**自己的歌謠……

《資治通鑑．卷二〇九》：
「（景龍二年）迦葉志忠奏：『順天皇后未受命，天下歌《桑條韋》，蓋天意以為順天皇后宜為國母……』」

隨著韋后集團**權力**的不斷**膨脹**，

《舊唐書・卷五十一》：
「后（韋后）方優寵親屬，內外封拜，遍列清要。」
唐華全《略論唐中宗時期的政治風雲》：
「太子政變失敗以後……韋后基本上左右了當時的政局。」

朝局也開始**動盪**起來。

軍事科學院《中國軍事通史》：
「景龍三年（七〇九年）……在韋后集團的干擾和破壞下，朝政敗壞，一片混亂。」

中宗喵雖然有所**懷疑**，

傅樂成《中國通史》：
「重俊事變後的二三年間，可以說是武曌以後唐室婦女干政的極盛時期。後來中宗對這些現象漸不滿意……」

可沒多久，就**「掛了」**……

《資治通鑑‧卷二〇九》：「景雲元年（七一〇年）……六月，壬午，中宗崩於神龍殿。」

皇帝一死，

韋后喵變得更加**肆無忌憚**。

《舊唐書‧卷七》：「中宗崩，韋庶人（韋后）臨朝，引用其黨，分握政柄……」

她不僅**控制**了內外**軍權**，

《資治通鑑‧卷二〇九》：「韋后秘不發喪，自總庶政。癸未，召諸宰相入禁中，征諸府兵五萬人屯京城……」

連新任少帝都**淪為**她的**傀儡**……

《新唐書．卷七十六》：
「（韋后）與兄溫定策，立溫王重茂為皇太子……太子即位，是為殤帝。」
黃永年《六至九世紀中國政治史》：
「溫王重茂是中宗第四子……這時才十歲，自然是個傀儡。」

這一切簡直跟**當年**的**則天喵**一般，

然而與則天喵**相比**，
韋后喵的**政治根基**卻明顯**不足**，

范文瀾《中國通史》：
「韋皇后只有暴行，並無武則天的政治才能。」
樊樹志《國史概要》：
「（韋后）竊取政權，妄圖模仿武則天，然而此人不及武氏遠甚，把朝政弄得腐敗不堪。」

她的**政治班底**也**不具備**真才實學。

《舊唐書·卷五十一》：

「（韋后）所署府僚，皆猥濫非才。」

《新唐書·卷一一二》：

「韋氏蠱亂，奸臣同惡，政以賄成，官以寵進，言正者獲戾，行殊者見疑，海內寒心，人用不保。」

專權期間的**賣官行為**，

《新唐書·卷四》：

「景龍二年（七〇八年）……皇后、妃、主、昭容賣官，行墨敕斜封。」

不僅造成官吏**數量超標**，

朱紹侯《中國古代史》：

「（韋皇后）把持政柄，大肆賣官。所置員外、同正、試、攝、檢校、判、知等官氾濫，多達數千人，造成政府開支急劇增加。」

更使**朝政**愈加**混亂**。

《新唐書・卷一一二》：
「神龍以來，綱紀大壞，內寵專命，外嬖制權，因貴憑勢，賣官鬻爵。妃主之門同商賈然，舉選之署若闤闠然，屠販者由邪忝官，廢黜者因奸冒進。」

這一切都讓**李氏**一族**心生不滿**，

《舊唐書・卷一〇一》：
「（相王李旦）在阿韋之時，危亡是懼，常切齒於群凶。」

上一任女皇清洗宗室的**陰影**還**未消散**，

《資治通鑑・卷二〇三》：
「（武則天）時諸武用事，唐宗室人人自危，眾心憤惋。」
朱紹侯《中國古代史》：
「武周代唐後……李唐宗室貴戚被殺的達數百人……以李唐宗室為首的關隴士族元氣大傷。」

如今**韋后喵**的出現必定**勾起**他們的**惡夢**……

《舊唐書．卷五十一》：

「后（韋后）為皇太后，臨朝攝政……時京城恐懼，相傳將有革命之事，往往偶語，人情不安。」

那麼李氏會**讓**韋后喵成功**稱帝**嗎？

（且聽下回分解。）

編者按

在武則天的影響下，唐朝前期出現了女性參政的熱潮，韋后也就此登上歷史舞臺。武則天與韋后開始都以皇后的身份參與政事，她們參政後實行的措施也很相似。所以在南宋史學家袁樞所著的《通鑑紀事本末》中，將武則天與韋后專政合稱為「武韋之禍」，後世也有一些史學家將兩者「捆綁」起來敘述和評價。實際上，兩者之間存在著很大的差異，韋后只會一味地模仿武則天的措施，而在參政經驗、執政能力、朝廷威望上都遠不及武則天。最重要的是，在經歷過武則天的血腥鎮壓後，無論是李唐宗室還是朝政大臣，都無法再次承擔皇權更迭的風險。所以，當韋后的「靠山」唐中宗去世，她的命運也被打上了問號。

韋皇后——豆花（飾）

參考來源：《舊唐書》、《新唐書》、《資治通鑑》、白壽彝《中國通史》、傅樂成《中國通史》、范文瀾《中國通史》、朱紹侯《中國古代史》、翦伯贊《中國史綱要》、樊樹志《國史概要》、崔瑞德《劍橋中國隋唐史》、軍事科學院《中國軍事通史》、張豈之《中國歷史・隋唐遼宋金卷》、唐華全《略論唐中宗時期的政治風雲》、黃永年《六至九世紀中國政治史》

附錄

【吃瓜群眾】

韋后與唐中宗很愛看熱鬧，
他們曾命官員與宮女扮作
商人、小販做生意，
以他們討價還價的糗樣取樂。

【斜封官】

韋后專權時期，
無論什麼人都可以
花三十萬錢買官，
時稱「斜封官」，
也就是非朝廷正式授職的意思。

【「皇太女」】

韋后的女兒安樂公主也很有野心，
她曾向唐中宗提出
要當「皇太女」，
意思是像皇太子那樣
可以繼承皇位。

百群喵檔案

豆花小劇場

《一天三次》

《主題便當》

豆花

天秤座

生日：10 月 16 日

身高：165 公分

喜歡的音樂：流行樂

喜歡的動物：梅花鹿

（豆花擬人介紹）

豆花的車車
Douhua's Transport

第八十九回◉太平公主

女皇則天喵的**出現**，

影響了當時很多**女性**，

楊志玖《隋唐五代史綱要》：

「武曌的主要貢獻在於打破關隴貴族在政治方面的壟斷……同時，以女性作皇帝，對於封建時代男尊女卑的夫權統治制度也是一個鉅（巨）大的革命。」

其中有**兩個喵**影響力甚大。

一個是她的**兒媳婦**韋后喵，

軍事科學院《中國軍事通史》：

「韋皇后是京兆萬年（今陝西西安）人，唐高宗永隆元年（六八〇年）被納為太子李顯之妃。嗣聖元年（六八四年）李顯即帝位後，立為皇后。」

手段殘忍，野心極大，

《資治通鑑．卷二〇九》：
「景雲元年（七一〇年）……五月，丁卯，許州司兵參軍偃師燕欽融復上言：『皇后淫亂，干預國政，宗族強盛；安樂公主、武延秀、宗楚客圖危宗社。』上召欽融面詰之……宗楚客矯制令飛騎撲殺之，投於殿庭石上，折頸而死，楚客大呼稱快。」

目標是成為新一任**女皇**。

軍事科學院《中國軍事通史》：
「神龍元年（七〇五年），中宗復位後，成為皇后的韋氏由於地位變遷，權勢日隆，遂產生了攫取最高政治權力，以女主而君臨天下的野心。」

而另一個則是她的女兒，

太平公主喵！

《舊唐書・卷一八七》：
「太平公主者，高宗少女也。以則天所生……」

太平喵是女皇則天喵的**小女兒**，

黃永年《六至九世紀中國政治史》：
「太平公主固是高宗李治的幼女，但系武曌所出。」

從小**聰明伶俐**，

《全唐文・卷十六》：
「太平公主延祥紫極……毓悟發於天機，聰明協於神授。」

深得則天喵的**寵愛**。

《新唐書．卷八十三》：
「太平公主，則天皇后所生，
后愛之傾諸女。」

寵愛到寧願**假裝**讓她當**道姑**，

也不願意她嫁給**外族人**。

《資治通鑑．卷二〇二》：
「太原王妃之薨也，天后請以
太平公主為女官以追福。及吐
蕃求和親，請尚太平公主，上
（武則天）乃為之立太平觀，
以公主為觀主以拒之。」

打**小時候**起，
太平喵就跟著則天喵**參政議事**，

《舊唐書・卷一八七》：
「公主豐碩，方額廣頤，多權略，則天以為類己，每預謀議，宮禁嚴峻，事不令泄。」

《新唐書・卷八十三》：
「主（太平公主）侍武后久，善策人主微指……」

耳濡目染之下，
也**積累**了大量的**政治經驗**，

甚至幫則天喵**處理**過不少事情。

例如幫老媽**幹掉**不聽話的**臣子**，

《舊唐書．卷一八七》：
「（薛懷義）其後益驕倨，則天惡之，令太平公主擇膂力婦人數十，密防慮之。人有發其陰謀者，太平公主乳母張夫人令壯士縛而縊殺之，以輦車載屍送白馬寺。」

例如給老媽送可愛的**小鮮肉**，

《舊唐書．卷八十二》：
「則天臨朝，（萬歲）通天二年（六九七年），太平公主薦易之弟昌宗入侍禁中……由是兄弟俱侍宮中，皆傅粉施朱，衣錦繡服，俱承辟陽之寵。」

說得上是老媽得力的**「小棉襖」**。

可即便太平喵**能力很強**，

《新唐書．卷八十三》：「主方額廣頤，多陰謀，后（武則天）常謂『類我』。」

母親則天喵卻**警惕**著她的**勢力**發展。

雷家驥《武則天傳》：「對善於權術的女皇來說……她只是要為她個人爭取和享受權力，此外即使連親生女兒太平公主也不能輕易分享，也無意培養她為繼承人。」

在這樣的**威壓**下，
太平喵只能**收起**自己的**鋒芒**，

《資治通鑑．卷二〇九》：「太平公主沈（沉）敏多權略，武后以為類己，故於諸子中獨愛幸，頗得預密謀，然尚畏武后之嚴，未敢招權勢……」

小心翼翼地過了十幾年。

一直到則天喵**病重**，

《資治通鑑．卷二〇七》：
「神龍元年（七〇五年）……
太后（武則天）疾甚……」

她才開始展現自己的政治才能。

當時朝政上有**奸臣當道**，

《舊唐書・卷九十一》：
「張易之與弟昌宗入閣侍疾，潛圖逆亂。」

這可是會影響**社稷**安穩的問題。

崔瑞德《劍橋中國隋唐史》：
「武周朝廷的最後幾年被張氏兄弟所左右……武后是如此迷戀她的兩個面首，對他們真是有求必應。以前十分罕見的包庇和腐化當時變得很普遍……」

於是乎，太平喵聯合大臣們迅速**幹掉**了這些**奸臣**，

范文瀾《中國通史》：
「七〇五年，武則天病重，宰相張柬之等率文武群臣入宮殺張易之、張昌宗等。」
黃永年《六至九世紀中國政治史》：
「……李武方面的主要人物皇太子李顯、相王李旦、太平公主……全部參與了這次政變，因為剪除二張正實現了他們的共同心願。」

恢復了李唐政權的**統治**。

《資治通鑑．卷二〇八》：
「神龍元年（七〇五年）……甲寅，復國號曰唐。郊廟、社稷、陵寢、百官、旗幟、服色、文字皆如永淳（六八二—六八三年）以前故事。」

而憑藉著這個**功勞**，

太平喵獲得了豐厚的**獎賞**，

《舊唐書．卷一八七》：
「神龍元年，預誅張易之謀有功……（太平公主）並食實封通前五千戶，賞賜不可勝紀。」

甚至封號為**「鎮國太平公主」**。

《舊唐書．卷七》：
「以並州牧相王旦及太平公主有誅易之兄弟功……公主加號鎮國太平公主，仍賜實封，通前滿五千戶。」

可以說**威風八面**啊！

可惜呢，情況又出現了新的**轉折**。

軍事科學院《中國軍事通史》：
「唐中宗雖然在張柬之等人的支持下，復位建唐，但他在登基以後卻轉而依靠韋皇后……遂使政局大壞。」

這就是她的**嫂子**，韋后喵……

《資治通鑑・卷二〇八》：
「至忠泣曰：『陛下（李顯）富有四海，不能容一弟一妹……』」
《新唐書・卷四》：
「中宗大和大聖大昭孝皇帝諱顯……皇后韋氏……」

由於新皇帝對韋后喵的**縱容**，

范文瀾《中國通史》：
「七〇五年，唐中宗在張柬之等唐舊臣擁護下，恢復唐朝，但是，他並不信任這些唐舊臣。他唯一信任的是韋皇后……（韋后）愈益肆無忌憚。」

使韋后喵有了**效仿**自己婆婆則天喵**當女皇帝**的夢。

朱紹侯《中國古代史》：
「韋皇后與武則天的侄兒武三思勾結在一起，貶殺張柬之等人，驅逐直臣宋璟，欲謀取政權，效法武則天當女皇。」

這老韋家要**上位**，
老李家自然成了最大**障礙**。

《資治通鑑．卷二〇八》：
「安樂公主（韋后女）及兵部尚書宗楚客日夜謀譖相王，使侍御史冉祖雍等誣奏相王及太平公主……」
張豈之《中國歷史．隋唐遼宋金卷》：
「韋后一心想仿效武則天做女皇，圖謀廢黜不是她親生的皇太子李重俊。」

所以**除了**皇帝外，

身為**公主**的太平喵自然也是要
剷除的對象之一。

《資治通鑑・卷二〇九》：
「楚客又密上書稱引圖讖，謂韋氏宜革唐命。謀害殤帝，深忌相王及太平公主，密與韋溫、安樂公主謀去之。」

然而皇帝**突然**先走了一步……

《資治通鑑・卷二〇九》：
「景雲元年（七一〇年）……六月，壬午，中宗崩於神龍殿。」

太平喵這下**危險**了。

蒙曼《太平公主和她的時代》：「無論是李家當皇帝還是武家當皇帝，她都能接受，因為一個是她的娘家，一個是她的婆家……可是如果韋氏當皇帝，她可就十三不靠了，而且以她的身份，肯定無法見容於新政權。」

乖乖等死還不如**先下手為強**呢！

於是乎她開始**秘密聯繫**老李家其他**勢力**。

崔瑞德《劍橋中國隋唐史》：「（太平公主）已穩步地在培植支持她的力量，在此同時她還擴大了對她同胞睿宗的影響。」

《資治通鑑・卷二〇九》：「隆基乃與太平公主及公主子衛尉卿薛崇簡……謀先事誅之。」

而韋后喵這邊呢，

不僅控制了**朝廷**，

《舊唐書．卷五十一》：
「少帝即位，尊后（韋皇后）為皇太后，臨朝攝政。」
《舊唐書．卷七》：
「景龍四年（七一〇年）夏六月，中宗崩，韋庶人臨朝，引用其黨，分握政柄……」

還派親信去**監管軍隊**。

《資治通鑑．卷二〇九》：
「景雲元年六月……（韋后）使駙馬都尉韋捷、韋灌、衛尉卿韋璿、左千牛中郎將韋錡、長安令韋播、郎將高嵩等分領之。璿，溫之族弟；播，從子；嵩，其甥也。」

可惜這些親信實在**不怎樣**，

這裡都聽我的！
知道沒？

一上任就把士兵們**惹毛了**。

太過分了！
他打我！
以為自己是誰啊！

《舊唐書·卷五十一》：
「播、璿欲先樹威嚴，拜官日先鞭萬騎數人，眾皆怨，不為之用。」

士兵們瞬間就**掉轉槍頭**，
站到太平喵那邊去。

造反算了！

《資治通鑑·卷二〇九》：
「韋播、高嵩數榜捶萬騎，欲以立威，萬騎皆怨。果毅葛福順、陳玄禮見隆基訴之，隆基諷以誅諸韋，皆踴躍請以死自效。」

西元**710年**，李氏人馬直接衝入皇宮，

《舊唐書．卷七》：
「庚子夜，臨淄王諱與太平公主子薛崇簡、前朝邑尉劉幽求、長上果毅麻嗣宗、苑總監鐘紹京等率兵入北軍……」

措手不及的韋后喵當場領了**便當**，

《舊唐書．卷七》：
「庚子夜，臨淄王諱舉兵誅諸韋、武，皆梟首於安福門外，韋太后為亂兵所殺。」

史稱**唐隆政變**。

蒙曼《太平公主和她的時代》：
「韋皇后準備效法武則天當皇帝，激起了李唐皇室的反抗。太平公主和相王的三兒子……發動了唐隆政變。」

在太平喵的**協助**下，

李唐皇朝**躲過**了一場篡位**陰謀**，

范文瀾《中國通史》：「太平公主出面，恢復唐睿宗的帝位。唐中宗、韋皇后重演故事以慘敗告終。」

老李家繼續**穩坐皇位**。

《資治通鑑．卷二〇九》：「景雲元年……時少帝猶在御座，太平公主進曰：『天下之心已歸相王，此非兒座！』遂提下之。睿宗即位，御承天門，赦天下。」

太平喵也因擁立**有功**而獲得了更大**威望**。

白壽彝《中國通史》：
「武則天的女兒太平公主，『沉敏多謀略』，有政治野心，她曾參與推倒韋武集團的宮廷政變，為恢復睿宗帝位出過力，因此睿宗對她有言必從。」

然而在此次政變的過程中，
太平喵負責的是**策劃**工作，

《新唐書・卷八十三》：
「……將誅韋氏，主（太平公主）與秘計，遣子崇簡從。」

真正執行的卻是另一個**李氏宗親**，

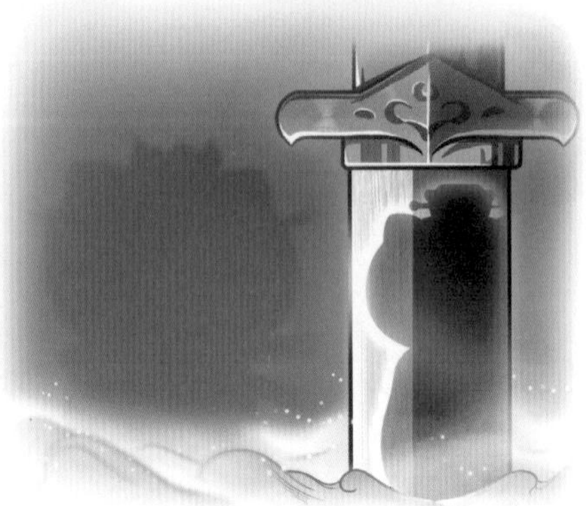

白壽彝《中國通史》：
「他果斷發動了宮廷政變，把韋武集團一網打盡……因安定社稷之功被封『平王』。」

他的出現即將引發新一輪的**權力鬥爭**。

白壽彝《中國通史》：
「在大臣們的擁戴下，兄弟中排行第三的平王就做了皇太子。」
范文瀾《中國通史》：
「宰相奏事，唐睿宗總要問有沒有同太平商量過，也要問有沒有同太子商量過。這種昏懦表現，勢必助長太平公主的專橫，也自然要引起公主與太子間的衝突。」

在這個旋渦裡，
誰又將是最後的**勝利者**呢？

（且聽下回分解。）

編者按

武則天開創了女性稱帝的先河，即使在她退位後，唐政權在一段時間內依然被女性所左右。如韋皇后及她的女兒安樂公主，依靠中宗的寵愛，一時權傾朝野。可她們空有稱帝的野心卻德不配位，最終以慘敗收場。反觀太平公主則是這場餘波裡最像武則天的人。她是母親的得力助手，卻又能審時度勢，在關鍵時刻站在李氏一邊。正是這種連續站對陣營的能力，讓她為自己掙下了豐厚的政治資本，也自然滋生了更大的欲望。然而，古代中國依然是一個封建男權社會。特別是在李唐宗室剛剛經歷過一場女主「惡夢」後，一個有野心的公主必定不是所有人想看到的。

太平公主——饅頭（飾）　　韋皇后——豆花（飾）

參考來源：《舊唐書》、《新唐書》、《全唐文》、《資治通鑑》、雷家驥《武則天傳》、白壽彝《中國通史》、范文瀾《中國通史》、朱紹侯《中國古代史》、楊志玖《隋唐五代史綱要》、軍事科學院《中國軍事通史》、崔瑞德《劍橋中國隋唐史》、黃永年《六至九世紀中國政治史》、蒙曼《太平公主和她的時代》、張豈之《中國歷史．隋唐遼宋金卷》

附錄

【沉重的愛】

太平公主的第二任丈夫
原本有妻子。
武則天不願太平公主嫁過去做妾，
於是直接下令
把人家的「元配」殺了。

【大唐富婆】

太平公主集萬千寵愛於一身，
從小就非常有錢。
她的家裝修得與皇宮差不多，
光是奴婢就有上千人。

【相愛相殺】

太平公主參與了
推翻武則天的神龍政變，
但武則天被幽禁後，
她又專門建了一座寺廟為母親祈福，
表達孝心。

一群喵檔案

饅頭小劇場

《木桶 1》

《木桶 2》

饅頭

天蠍座

生日：10 月 31 日

身高：168 公分

喜歡的音樂：龐克

喜歡的動物：大象

（饅頭擬人介紹）

饅頭的車車
Mantou's Transport

下回再見！

第一卷

《如果歷史是一群喵・夏商西周篇》

第二卷

《《如果歷史是一群喵2・春秋戰國篇》

第三卷

《《如果歷史是一群喵3・秦楚兩漢篇》

第四卷

《如果歷史是一群喵4・東漢末年篇》

第五卷

《如果歷史是一群喵5・亂世三國篇》

第六卷

《如果歷史是一群喵6・魏晉南北篇》